Spielen

Bibliografische Information der Deutschen Nationalbibliothek
Die Deutsche Nationalbibliothek verzeichnet diese Publikation in der
Deutschen Nationalbibliografie; detaillierte bibliografische Daten sind
im Internet über http://dnb.dnb.de abrufbar.

© Coverbild: charles taylor, 2017
Benutzung unter Lizenz von Shutterstock.com,
Composing durch Lisa Schwenk

Redaktion: Michael Friedrichs

ISBN 978-3-95786-140-5

© Wißner-Verlag, Augsburg 2017
www.wissner.com

Das Werk und seine Teile sind urheberrechtlich geschützt.
Jede Verwertung in anderen als den gesetzlich zulässigen Fällen
bedarf deshalb der vorherigen schriftlichen Einwilligung des Verlags.

Peter Fassl (Hrsg.)

Spielen

Literaturpreis des Bezirks Schwaben 2017

Inhalt

Einführung 7

Laudatio auf die 1. Preisträgerin: Eleonora Hummel 11

Der Junge vom Feld 15
   Eleonora Hummel

Laudatio auf die 2. Preisträgerin: Michaela Hanel 42

Leevke 45
   Michaela Hanel

Laudatio auf den 3. Preisträger: Jos Schneider 54

Caligo 57
   Jos Schneider

Laudatio auf die Preisträgerin des Nachwuchspreises: Marie Saverino .. 62

Dort am Meer 65
   Marie Saverino

Das Erbauen von Städten 73
   Linda Achberger

Gefangen im Glück des Smartphones 79
   Dagmar Dusil

Leidenschaft 86
   Annette Hengge

Das Museum der nie gespielten Spiele 92
   Raimund Hils

Der letzte Sommer 126
   Julia Kersebaum

Am Himmel die Rauchzeichen 141
   Antigone Kiefner

Single-Player 156
Arina Molchan

Klick. Klick. 169
Sophie Marie Schmid

Schwalbe 182
Manuel Schumann

Weiß das Leben, Schwarz der Tod 188
Laura Stadler

Erzähl das dem Fährmann 202
Susanne Wiermann

Die Autorinnen und Autoren dieses Bandes 212

Einführung

Der Literaturpreis des Bezirks Schwaben war für einen unveröffentlichten Prosatext zum Thema „Spielen" ausgeschrieben und setzte damit die Erkundungen der früheren Jahre fort: Krieg und Frieden (2005), Harmonie und Disharmonie (2006), LandLeben (2007), Leben in der Stadt (2008), Unterwegs (2009), In den Bergen (2010), Fluss (2011), Zugewandert (2012), Farben (2013), Essen (2014), In der Nacht (2015), Kindheit (2016).

Der dreizehnte Literaturpreis hat mit 146 Einsendungen, davon erfreulicherweise 22 junge Autoren, eine gute Resonanz gefunden. Zum Wettbewerb eingeladen waren Autoren, die im schwäbisch-alemannischen Kulturraum leben oder in diesem ihre biographischen Wurzeln haben.

„Spielen" ist menschlich. Gespielt wird in allen Kulturen, in allen Lebensaltern. Was spielen unsere Autoren? Natürlich Schach, was bei Laura Stadler in packender Weise Leben und Spiel verbindet.

Am meisten gespielt wird in der Kindheit – und heute im Alter, wie mehrere Autoren zeigen.

Kinderspiele sind heiter, sorglos, phantasievoll und selbstvergessen und daher oft tödlich – so beim Schneemannbau auf einem Bahngleis von Jos Schneider. Man fürchtet das Ende, als der kleinste Spielkamerad am Bahndamm erwähnt wird.

Geradezu anrührend ist die Neugestaltung der Stadtlandschaft durch die Häuptlingstochter Schnelles Reh, „ein Mescalero Apache" von Antigone Kiefner. Selbst die mitspielenden Cowboys lassen sich bezaubern.

Im „Museum der nicht gespielten Spiele" von Raimund Hils werden die bekanntesten Kinderspiele vorgestellt, die letztlich von Phantasie, Imagination und Träumen geprägt sind und hier der Bewältigung des Lebensendes dienen.

Die Gewinnerin des Nachwuchspreises Marie Saverino hat uns liebevoll ein Vater-Sizilienbild beschrieben, in dem man tanzt, singt, gut isst, alles duftet, das Meer nie verschwindet und die Genialität der Verwandten den trüben Alltag in Deutschland aufhellt.

Drei Autoren, Sophie Marie Schmid, Arina Molchan und Dagmar Dusil erkunden die neue Realität der virtuellen, der digitalen Welt. Schritt für Schritt – vielleicht vergleichbar mit einer Traum- und Märchenwelt – verwandelt sich der Spieler und wird zu einer neuen Person, die intensiver erlebt und fühlt, deren Bewusstsein sich erweitert und die sicher geführt wird. Das Suchtpotenzial ist hoch. Nach dem Drogen- und Suchtbericht der Drogenbeauftragten der Bundesregierung 2016 zeigen 2,4 Prozent (250.000 Personen) der 14 bis 24jährigen Anzeichen einer Abhängigkeit, unter den 14 bis 16jährigen sind es vier Prozent.

Das klassische Spiel der Erwachsenen ist das Theater. Mit leichter Hand wird das wirklich harte Schicksal einer russlanddeutschen Familie ganz nebenbei am Beispiel des jungen Traktoristen Arnold Bungert von Eleonora Hummel geschildert. Bungert erlernt im Schnellkurs einige Sätze Deutsch und erreicht mangels geeigneter Mitbewerber die Aufnahme in die deutsche Schauspielschule in Moskau. Der Text überzeugte die Jury und brachte der Autorin den ersten Preis.

Die zweite Preisträgerin, Michaela Hanel, folgt Leevke, die sich auf die Aufnahmeprüfung (zweite Runde) in der Schauspielschule vorbereitet. Nun gibt es dazu von erfolgreichen Schauspielern ja heitere Erzählungen, etwa von Joachim Meyerhoff, aber für Leevke ist es irgendwie mehr als ein Spiel, es geht um die Grenzen zwischen Eigenem und Fremden und dem willenlosen Geführtwerden.

Eine ganz eigene Position zwischen Spielern und Kontrahenten nimmt der Schiedsrichter von Manuel Schumann („Schwalbe") ein. Mit seinen drei Karten (grün, gelb, rot) versucht er meist vergebens Spiel und Leben zu ordnen.

Ein raffiniertes Spiel gelingt der „Scrabble Queen" von Annette Hengge unter dem Titel „Begierde", während der alte Fährmann und sein Urenkel von Susanne Wiermann mit schrägen Geschichten und Entdeckungen im Keller sich die Zeit vertreiben.

Irgendwie hat man das Gefühl, dass Spiel und Leben gar nicht so weit von einander entfernt sind, und Freud und Leid sich annähernd ausgleichen.

Die Jury setzte sich zusammen aus Herrn Oswald Burger, Literarisches Forum Oberschwaben, Herrn Dr. Peter Fassl, Bezirksheimatpfleger, Herrn Dr. Michael Friedrichs, Wißner-Verlag, Herrn Dr. Friedmann Harzer, Universität Augsburg, Herrn Dr. Berndt Herrmann, Redaktionsleiter, Frau Dr. Ulrike Längle, Franz-Michael-Felder-Archiv, Bregenz, und Herrn Dr. Sebastian Seidel, Sensemble Theater Augsburg. Den Vorsitz hatte Dr. Michael Friedrichs. Die Texte lagen den Juroren anonymisiert vor. Von den 146 Einsendungen wurden etwa 45 intensiv diskutiert, ein Hinweis auf die Qualität der Texte.

Das Preisgeld beträgt für den ersten Preis 2.000 €, für den zweiten Preis 1.500 € und für den dritten Preis 1.000 €. Des Weiteren wurde ein Sonderpreis für einen jungen Autor (bis 25 Jahre) vergeben, in Form einer Einladung zum Meisterkurs Literatur beim Schwäbischen Kunstsommer 2018 in der Schwabenakademie Irsee.

Die Teilnehmer kamen überwiegend aus Baden-Württemberg und dem bayerischen Regierungsbezirk Schwaben. Neun Einsendungen kamen aus dem Ausland, vor allem aus Österreich. Neben den Preisträgern wurden für die Anthologie elf Beiträge ausgewählt, welche einen Eindruck von der Erfassung und Umsetzung des Themas zu vermitteln vermögen.

Der Bezirk Schwaben will Autoren anregen, ermuntern, fördern, präsentieren und auszeichnen. Besonders freut es uns, dass mit Linda Achberger, Marie Saverino, Sophie Marie Schmid, Manuel Schumann und Laura Stadler gleich fünf junge Autoren und Autorinnen in der Anthologie vertreten sind, wobei Linda Achberger 2015 Preisträgerin war. Neben dem Deutschen Literaturinstitut Leipzig und der Universität Hildesheim („Kreatives Schreiben und Kulturjournalismus") begegnet immer mehr die Universität Augsburg als literarische Ausbildungsstätte und Impulsgeber. Schmid, Schneider, Schumann und Stadler studieren bzw. studierten Germanistik in Augsburg.

Eine Reihe von Autoren (Achberger, Dusil, Hanel, Hils, Kersebaum, Kiefner) sind bereits in den früheren Anthologien vertreten, so dass man von einer inzwischen breit gestreuten Wahrnehmung und Wertschätzung des Schwäbischen Literaturpreises sprechen kann.

Der Dank gilt in besonderer Weise den Jurymitgliedern für das sorgfältige und genaue Lesen, die sehr intensive Diskussion und die Auswahl der Texte, den Laudatoren für die Würdigungen der Preisträger und allen Teilnehmern für ihre Beiträge. Den Preisträgern unsern herzlichen Glückwunsch!

Im Oktober 2017   Peter Fassl
                                                    Bezirksheimatpfleger

Laudatio auf die 1. Preisträgerin: Eleonora Hummel

Die Erzählung „Der Junge vom Feld" setzt unvermittelt mit „Ich" ein, und wir Leser erleben mit ihrem sechzehnjährigen Helden dessen Erwachen und Aufbruch hinaus aus der Welt einer Kolchose. Die erste Verliebtheit, die Verwurzeltheit in der sprachlichen Welt seiner Vorfahren und der hergebrachten lutherischen Religiosität, sein Glück mit den Pflanzen, Tieren und Maschinen enden abrupt mit der Ankunft einer Kommission aus der Stadt, die ihm einen neuen Weg eröffnet: Er soll seinen Beruf als Schauspieler finden. Beim Vorsprechen wählt er Texte von Uhland und Eichendorff, von Krylow und Tschechow aus – und muss improvisieren. Am Ende erfahren wir, dass der Held auf dem Weg in die sagenhafte Hauptstadt Moskau ist.

Eigentlich will man erfahren, wie es weitergeht.

In der Jury des Schwäbischen Literaturpreises waren wir uns schnell einig, dass dies ein guter Text ist, der mit Literatur und Geschichte, mit Politik, aber vor allem auch mit Sprache zu tun hat. Der Erzähler steckt zwischen dem Deutsch der Großeltern und der Alltagssprache Russisch, und schon dem Sechzehnjährigen schwant, was das bedeutet.

Als wir nach der Entscheidung erfuhren, dass die Autorin Eleonora Hummel 1970 in Kasachstan geboren wurde und seit 1982 in Dresden lebt, stellten wir uns die Frage, ob sie für den Schwäbischen Literaturpreis in Frage kommt, für den schwäbische Wurzeln nachzuweisen sind. Dabei hatten wir im Text selbst schon erfahren, dass die Großmutter den Helden nach *Grombiera* in den Keller schickte oder ihn *dabbich* nannte, wenn ihm etwas misslang, und dass in der *lutheranischen* Kirche deutsche Kirchenlieder gesungen wurden.

Tatsächlich stammen die Vorfahren der Autorin Eleonora Hummel aus dem schwäbischen Plattenhardt bei Esslingen, von wo sie 1805 in die deutsche Kolonie *Neuburg* bei Odessa auswanderten. Bis zum Zweiten Weltkrieg betrieben sie Weinbau, sprachen im Alltag ihre schwäbische Mundart, pflegten deutsches Brauchtum und hielten am Glauben ihrer evangelisch-lutherischen Vorfahren fest. 1941 wurden sie von den sowjetischen Behörden unter Stalin als Deutschstämmige aus ihren Siedlungsgebieten in der Ukraine nach Kasachstan deportiert. Eleonora Hummel wurde in Zelinograd, dem heutigen Astana, in Kasachstan geboren. 1980 zog die Familie in den Nordkaukasus, weil von dort die Ausreise nach Deutschland leichter möglich sei, wie es hieß. Tatsächlich durften sie 1982 (in der Breschnew-Zeit) nach Deutschland ausreisen und landeten in Dresden. Eleonora Hummels deutscher Wortschatz beschränkte sich damals auf „*ja*", „*nein*" und „*i woiß ned*", womit sie in Sachsen erstaunte Blicke erntete. Aus der Schwäbin in Russland war nun eine Russin in Sachsen geworden.

Bereits in der kasachischen Steppe begann Eleonora Hummel ihren ersten Roman zu schreiben – damals noch auf Russisch. In Dresden lernte sie nicht nur Deutsch, sondern machte zwei Ausbildungen, zunächst als Physiklaborantin, dann als Fremdsprachensekretärin. Seit 1994 arbeitet sie im Sekretariat eines juristischen Lehrstuhls an der Technischen Universität Dresden.

Nach Veröffentlichungen in Literaturzeitschriften erschien 2005 ihr erster Roman *„Die Fische von Berlin"* im Steidl Verlag Göttingen, eine tragische Familiengeschichte, die von den Träumen einer Zukunft in Deutschland und den Traumata der Vergangenheit handelte. Auch im zweiten Roman *„Die Venus im Fenster"* (Steidl Verlag 2009) ging es darum, wie aus deutschen Russen russische Deutsche wurden, welche sprachlichen und seelischen Schmerzen dies verursachte.

Im dritten Roman „*In guten Händen, in einem schönen Land*" (Steidl Verlag 2013) werden am Beispiel des Schicksals einer Mutter und ihrer Tochter die Verwundungen beschrieben, die die Kälte und die Härte der sowjetischen Repression geschlagen haben.

Eleonora Hummels literarische Aufarbeitung des Schicksals der Russlanddeutschen wurde von der Literaturkritik hoch gelobt und trug ihr zahlreiche Förderungen und Ehrungen ein: 2001 erhielt sie ein Stipendium des Klagenfurter Literaturkurses, 2002 den Russlanddeutschen Kulturpreis des Landes Baden-Württemberg für Literatur (Förderpreis), 2003 das Aufenthaltsstipendium der Stiftung „Künstlerdorf Schöppingen" für Literatur, 2005 das Arbeitsstipendium der Kulturstiftung des Freistaates Sachsen für sächsische Schriftsteller, 2006 den Adelbert-von-Chamisso-Förderpreis der Robert Bosch Stiftung, 2007 ein Arbeitsstipendium der Robert Bosch Stiftung für das Buchprojekt „Die Venus im Fenster", 2001 den Hohenemser Literaturpreis und nun den Schwäbischen Literaturpreis.

Wir Juroren des Schwäbischen Literaturpreises waren schon bei der Lektüre von „*Der Junge vom Feld*" nicht nur beeindruckt davon, was in der Geschichte erzählt wurde, sondern wir waren auch darauf gespannt, ob die Geschichte der Anfang oder Teil von etwas Größerem ist. Eleonora Hummel erzählte mir, dass dieser Text ein Auszug aus einem längeren Werk ist, welches später als Roman erscheinen soll. In dem Roman unter dem Arbeitstitel „*Temirtau*" wird es um den Lebenstraum von fünf jungen Schauspielern gehen, die von der Stadt aufs Land und vom Osten nach Westen ziehen.

Einer von ihnen ist Arnold Bungert aus der Kolchose. Die Sowjetregierung beschloss 1975, ein deutschsprachiges Theater für die deutschen Siedlungsgebiete aufzubauen. Zunächst wurden geeignete junge Leute gesucht, in Moskau ausgebildet und mit ihnen in Temirtau (auf Deutsch „*Eiserner Berg*") in Kasachstan das *Deutsche Schauspieltheater* etabliert. Der Roman wird die Fragen der kulturellen Identität, der Sprache als Heimat, der Rolle der Kunst als Medium des Widerstands und der Selbstbehauptung im sowjetischen System behandeln. Die Schauspieler ziehen von Ort zu Ort, schmieden politische Pläne, aber ihr Publikum kommt ihnen nach und nach abhanden, wegen des sukzessiven Verschwindens der deutschen Sprache und wegen der massenhaften Abwanderung der Russlanddeutschen nach Deutschland. Später werden die fünf Schauspieler selbst auch nach Deutschland auswandern, doch auch hier finden sie ihr Publikum nicht mehr, weil ihre Sprache anders ist als das künstliche Bühnendeutsch in Deutschland. Sie müssen sich als Gaukler auf Mittelaltermärkten, mit Schauspielunterricht für Anfänger, mit der Pflege von Demenzkranken oder mit Reinigungsarbeiten über Wasser halten. Die fünf Schauspieler erzählen von ihrer Karriere, im Hintergrund wird die russisch-deutsche Geschichte der letzten fünfzig Jahre thematisiert. Und worum es Eleonora Hummel auch geht, formuliert sie in einem Exposé so: *„Die Sprache an sich avanciert zu einer Hauptfigur des Romans, der Zusammenhang von Land, Sprache und Identität wird im Lauf der Handlung exemplarisch anhand der Figurencharaktere herausgearbeitet."* Das Romanmanuskript ist weit vorangeschritten.

Dass Eleonora Hummel uns in „*Der Junge vom Feld*" einen Einblick in ihre Arbeit am Beispiel der Erweckung Arnold Bungerts zum Schauspieler gab, dass dieser Abschnitt zum Thema „*Spielen*" des diesjährigen Schwäbischen Literaturpreises passt und dass sie mit unserem Preisgeld ein bisschen mehr Freiraum zum Schreiben erhält, halte ich für drei Glücksfälle.

Ich bin sehr gespannt und freue mich auf den ganzen Roman und gratuliere der Ersten Preisträgerin des Schwäbischen Literaturpreises 2017 Eleonora Hummel.

Oswald Burger

Der Junge vom Feld

Eleonora Hummel

Ich bin der Junge vom Feld.
Der Sohn vom Bungert.
Das Bungert-Bübele.
Arnold Arnoldowitsch junior.
Der kecke Bauernbub, der vom Traktorsitz weg auf die Bühne geholt wurde.
Genau der, von dem erzählt wird.
Die anderen sind heute nicht mehr hier.
Ich bin es.

Die Erntezeit war in vollem Gange, als die Kommission ins Dorf kam. Am Vorabend hatte das Fernsehen über herausragende Erträge landauf, landab, berichtet. Ich war schon vor Ende der Nachrichten eingeschlafen, ich weiß noch, dass auf dem Bildschirm gerade ein Mähdrescher durch ein golden wogendes Feld tuckerte …
Ich war oft müde von der Arbeit im Freien, mitunter nickte ich bereits im Hellen weg. Im Steppensommer waren die Abende lang. Wenn meine Mutter um elf von der Spätschicht heimkam, waren im Übergang zwischen Tag und Nacht die Blumen im Garten noch klar zu erkennen; mit etwas Anstrengung hätte sie draußen auch noch den einen oder anderen Zeitungsartikel im *Neuen Leben* lesen können.
Wer mit dem ersten Hahnenschrei aufsteht, muss mit den Hühnern ins Bett gehen, sagte Mutter. Alte Bauernregel.
Ich erinnere mich dunkel, dass Mutter versucht hatte, mich zu wecken, und ich im Halbschlaf mit einem zustimmenden Schmatzen antwortete.

Am nächsten Morgen stand der Weizen auf meinem Feld nicht weniger hoch. Seine vergoldeten Ähren schwankten leicht im Wind, fernsehreif. Ich war sechzehn, kein Schüler mehr und noch kein vollwertiger Arbeiter, mein einziger Untergebener war der Schäferhund. Auf einem Traktorsitz fühlte ich mich genauso sicher wie auf meinem Fahrradsattel. Mit drei saß ich auf dem Schoß meines Vaters und machte „Brumm-Brumm" wie ein echter Motor. Mit fünf kannte ich alle Getreidesorten und wusste, wie man sie einbringt und wann man sie erntet.
Das ist Bungerts Sohn, sagten die Leute. Kaum dem Steckenpferd entwachsen, schon rüttelt er an einem Traktorlenkrad. Der wird mal Traktorist!
Mein Ausbilder Petuchow hatte mich in aller Herrgottsfrühe zum Feld bestellt, als vom Tau noch ein wenig Kühle ausging. Sein Mähdrescher stand verlassen da. Ich lief um die Maschine herum, und rief seinen Namen, gerade so laut, dass eine naseweise Feldmaus wieder in ihrem Erdbau verschwand.
Der Meister hatte wohl verschlafen, und würde bald schlecht gelaunt hier aufkreuzen. So war er halt.
Je höher die Sonne stieg, desto mehr füllte sich die aufgeheizte Luft mit dem Sirren und Summen von vielbeinigem Getier. Das Feld vor mir schien zu wachsen. Wo zum Henker blieb Petuchow? Ich wagte es nicht, mich zu entfernen, er hätte ja jeden Moment auftauchen können. Ohne ihn durfte ich nicht anfangen. Also wartete ich.
Die Mittagsglut wirkte zunehmend wie ein Schraubstock, dessen Griff geistige und körperliche Regungen lähmte. Jedenfalls meine. Mithin ließ ich bald lieber Fliegen auf meinem Gesicht landen und ihr Werk tun, als die Hand zu heben, um sie zu verscheuchen. Allenfalls versuchte ich zu blinzeln oder den Kopf wegzudrehen, was meine geflügelten Besucher nicht im Geringsten störte.

Im Glauben, außer Petuchow würde sich niemand hierher verirren, hatte ich es mir im Schatten meiner Maschine und verdeckt von den Weizenhalmen bequem gemacht. Alles Pflichtgefühl fiel sogleich von mir ab. Ein Käfer kitzelte auf seiner Wanderung meinen nackten Knöchel. Ich wackelte mit dem Fuß, um ihn abzuschütteln, natürlich vergeblich. Ach, soll er doch, dachte ich mir träge.
Es gab ja Wichtigeres.
Wenn ich sage, ich sei in jenem Sommer, mit sechzehn, unsterblich in Nelli Schulz verliebt gewesen, wäre das richtig, aber nicht die ganze Wahrheit.

Ich war fest entschlossen, Nelli Schulz zu heiraten.

Nelli war die Tochter des Vorsitzenden unserer Kolchose und völlig ahnungslos, was meine Pläne anging. Das wollte ich so schnell wie möglich ändern. Sie war drei Jahre älter, was mich nur anspornte. Schon lange wurde sie von meinen Blicken begleitet, wenn sie auf dem Lkw ihres Vaters durch das Dorf fuhr. Manchmal saß sie auf dem Beifahrersitz und trug ein weißes Kopftuch nach Art der Melkerinnen. Oder sie hütete hinten auf der Ladefläche die Ladung, eine Fuhre Wassermelonen, einen Berg Futtermais oder Jutesäcke mit Sonnenblumenkernen.
Von dort oben überstrahlte sie alle.
Sie lächelte Passanten an und versäumte es dabei nicht, die Produkte unserer Kolchose anzupreisen, so dass so gut wie jeder bereit war, ihr etwas abzukaufen. Einmal hatte sie mir eine Scheibe Melone zur Verkostung gereicht, dazu musste sie sich tief herabbeugen, und ich mich ihr auf Zehenspitzen entgegenstrecken, dann stand ich mit dem tropfenden Obststück in der Hand da, unfähig, mich zu bedanken, und sie hatte sich schon dem Nächsten zugewandt.

Nach längerem Nachdenken über das Geschehene war ich zu folgendem Ergebnis gekommen: Nelli Schulz schenkte nicht jedem Melonen. Es hatte eine Bedeutung.

Nelli war Melkerin. Eine der besten in der ganzen Kolchose. Als Gewinnerin eines Melkwettbewerbs war sie mit ihrer Lieblingskuh kürzlich im *Neuen Leben* abgebildet gewesen. Ich hatte den Artikel ausgeschnitten und in meinem Schreibtisch versteckt.

Das neueste Gerücht, Nellis Vater wolle seine Tochter im Auftrag der Partei zu einem Studium der Agrarwissenschaften delegieren, hatte mich in Unruhe versetzt. Wenn Nelli unser Dorf tatsächlich im Herbst verlassen müsste, blieben mir nur noch wenige Wochen Zeit, um sie auf mich aufmerksam zu machen.

Der Käfer krabbelte weiterhin Juckreiz erzeugend unter mein hochgekrempeltes Hosenbein. Um Nelli vor mir zu sehen, musste ich nur die Augen schließen. Da war sie. Ich genoss es, mich an der Traumgestalt ganz langsam von unten nach oben zu arbeiten, angefangen bei Nellis Füßen, die in weißen Riemchensandalen steckten, Zentimeter für Zentimeter berührungsfrei fremde Haut abzutasten, über die Knie, die bei jedem Schritt unter dem Rocksaum hervorschauten, bis zur Knopfleiste ihrer Bluse, die in einen züchtigen Ausschnitt mündete …

Ja, das war Nelli in voller Größe. Die Sonne hatte ihr Haar gebleicht und die Haut gebräunt. Eine blonde Strähne, herausgerutscht aus Nellis hochgebundenem Pferdeschwanz, schlängelte sich hinter dem Ohr entlang. Einmal diese Locke um meinen Finger wickeln! Ich streckte im Geiste die Hand aus, aber da war natürlich nichts, wonach meine Finger hätten greifen können.

„Plan erfüllen!" lautete Petuchows Devise, die er selbst ohne übermäßigen Eifer befolgte.

Ich döste weiter. Fühlte mich dabei so sicher wie eine Feldmaus, solange kein Adler in Sicht ist. Außerdem lag der Tag noch vor mir und der Plan ... ach, darüber wollte ich später nachdenken.
Mein künftiger Schwiegervater war ein bedeutender Mann. Vorsitzender einer Kolchose! Held der Sowjetunion! Ehrennadel- und Parteibuchbesitzer! Auf du und du mit allen wichtigen Leuten des ganzen Rayons. Seine zwei Kühlschränke, einer im Haupthaus, einer in der Sommerküche, waren stets randvoll gefüllt mit frischem, gepökeltem, geräuchertem Schweine- und Rindfleisch und gerupften Hähnchen. In seiner Badewanne schwammen ellenlange gemästete Karpfen aus den Kolchose-Teichen umher. Wenn einer einem Gast gefiel, landete der Fisch nach einem Schlag auf den Kopf ausgenommen und in Mehl gewendet direkt in der Pfanne. Im Saft von Wassermelonen hätte Nelli baden können, mit Kartoffeln und Mais einen mittelgroßen See trocken legen.
Wenn ich eins wusste, dann dies: Weder mit einer Spritztour auf dem Traktor noch mit einer Fuhre Heu für ihre Zwergkaninchen würde ich ein Mädchen wie Nelli beeindrucken können.
Schon frühzeitig mischten sich daher sorgenvolle Grübeleien in meine Tagträume. Ich versuchte, sie kraft detaillierter Vorstellungen von meiner glänzenden Zukunft zu verscheuchen: Mit Nelli Kinder bekommen, ein Haus bauen, Traktor fahren, mit dem Schwiegervater Karpfen angeln gehen. Was konnte es Besseres im Leben geben?
Etwas Vielfüßiges landete in der Nähe meines linken Mundwinkels und ließ ihn unkontrolliert zucken.
Nelli würde meiner Mutter gefallen. Der alte Schulz besaß zwar ein Parteibuch, seine Frau aber sang im Chor der *lutheranischen* Kirche, wo auch meine Mutter hinging. Die *lutheranische* Kirche war kein Prunkbau in der Dorfmitte, so gesehen nicht

einmal ein bescheidenes Gotteshaus, sondern vorläufig die Scheune vom alten Balzer – Pfarrbüro, Gemeindetreffpunkt und Predigtkanzel in einem. Seit meiner Taufe war ich dort nicht mehr gewesen; mein Freund Kim sagte, im Vorbeigehen könne man durch das Fenster Lieder in einer fremden Sprache hören.

Diese Sprache hatte etwas mit mir zu tun, so viel wusste ich, aber mehr noch gehörte sie zu den älteren sangesfreudigen Leuten, die sich in der Scheune vom Balzer trafen. Niemand hielt mich an, sie zu lernen, um einst *Grimms Märchen* im Original zu lesen. Manches Wort hatte ich im Praxistest aufgeschnappt, in der Schule des Lebens, wenn die Großmutter mich nach *Grombiera* in den Keller schickte und mich *dabbich* nannte, wenn mir etwas aus der Schüssel fiel, ja, da ahnte ich, dass das kein Lob war. Mein Verstehen hatte weniger mit Wissen zu tun, sondern mit Nachspüren. Irgendein Programm in meinem Kopf versuchte ganz ohne mein Zutun, aus dem Kontext, der Tonlage und dem Klang der fremdländischen Sätze ihre mögliche Bedeutung herauszufiltern. Die kleinste bekannte Silbe konnte sich als hilfreich erweisen, um auf das Ganze zu schließen. Allerdings fehlte mir häufig die letzte Gewissheit, ob ich mit dieser Methode richtig lag. Und Nachfragen war etwas für Feiglinge.

Mutter hoffte, irgendwann würden die Spenden der Gemeindemitglieder, sprich der Lutheraner, reichen, um eine richtige Kirche zu bauen, mit Gesangsbüchern und Bibeln in Luthers Sprache für alle. Bis dahin nahm sie ihre größten selbstgezogenen Auberginen und Zucchini zum Erntedankfest mit in die Scheune. Immerhin war der Giebel mit einem einfachen Holzkreuz geschmückt und singen konnte man dort so gut wie anderswo.

Jeglichen Chören war ich zu meinem Glück entkommen, was aber das Tanzen betrifft, hielt ich mich für durchaus begabt.

Vor nicht langer Zeit hatte ich meine ältere Schwester Magdalena dabei erwischt, wie sie mit einer alten zusammengerollten Decke, der sie die Kleider unserer Mutter übergezogenen hatte, vor dem Spiegel Walzerschritte einstudierte. Eins-zwei-drei-vier-fünf-sechs. Die Decke trug am oberen Ende eine Wickelkonstruktion aus mehreren Schals. War es ein stilisierter Zopfkranz, der den Kopf der Schönen zur Seite kippen ließen? Meine Schwester hielt einen schlaffen Ärmel in der rechten Hand. Eins-zwei-drei-vier-fünf-sechs, sang sie dazu.
Leg das Ding weg, sagte ich großspurig, ich übernehme das. Ich reichte meiner Schwester gerade bis zur Schulter. Einem zugeschnürten Wollvlies gegenüber wollte ich mich allemal als beweglicher erweisen. Wir üben für Magdalenas Hochzeitstanz, sagte ich zu unserer verdutzten Mutter. Eins-zwei-drei-eins-zwei-drei. So geht das!

Sie kamen in einer Staubwolke. Ich wusste sofort, das konnte nicht Petuchow sein.
Ich hörte, wie das Fahrzeug bremste, dann ging alles sehr schnell. Ich sprang wie gestochen auf, hob rasch einen zuvor zu diesem Zweck – also des Ertapptwerdens – bereitgelegten öldurchtränkten Lappen auf und begann damit hektisch meinen Traktor zu polieren. Mitten in der Bewegung, den Wischlappen noch malerisch auf dem Schutzblech drapiert, drehte ich mich um, als sei ich soeben durch Störenfriede aus einer hochwichtigen Tätigkeit gerissen worden.
Fremde Leute bahnten sich den Weg durch den Weizen, ein Herr mit Notizblock, eine Dame mit Brille, Hochsteckfrisur, einem Schweißperlenkranz am Haaransatz und einer gefalteten Zeitung in der Hand, die sie als Fächer benutzte. An der Erscheinung der beiden erkannte ich augenblicklich, dass sie aus der Stadt kamen und keinen Schimmer hatten, wie man eine Kuh melkt und ein Pferd aufzäumt. Mir konnten sie nichts

vormachen, denn ich hatte Ahnung von Kühen und allen anderen Tieren, die es in unserer Kolchose gab. Pferde grasten seit ich denken kann unweit meines Fensters, ich konnte ihnen geradewegs auf das heumampfende Maul schauen. Als kleiner Junge träumte ich davon, ein Dschigit zu sein, einer der verwegenen Reiter, die seit der Wiege eins sind mit ihrem Pferd, wie es sich für Steppenbewohner gehört. Doch war aus mir bis heute kein Dschigit geworden, sondern nur ein Jungtraktorist.
Die Erkenntnis, dass die Ankömmlinge Stadtmenschen waren, dämpfte ein wenig meinen natürlichen Respekt vor Autoritäten.
„He Junge! Ja, du da!"
Der ölige Lappen stand mir als Arbeitsmittel zweifellos gut zu Gesicht. Ich hatte darauf geachtet, dass meine Hände und Arbeitskleidung nicht frei von Schmutzflecken waren. Im Grunde konnte mir nichts passieren. Sollten sie auf der Suche nach Petuchow sein, ließe sich ebenfalls schwerlich etwas finden, was man mir hätte vorwerfen können.
„Bist du der Bungert Arnold?"
Sie kannten meinen Namen; woher? Nun hielt ich doch wachsam inne.
„Ja, der bin ich. Keine Sorge, der Motor läuft gleich wieder."
Mein Traktor schien sie jedoch nicht zu interessieren.
„Der Direktor schickt uns, Genosse Schulz."
Nellis Vater schickte jemanden zu mir? Ausgerechnet heute? Leute aus der Stadt? Ich kannte damals Städte nur aus Büchern, was ich aber niemals vor denen da zugegeben hätte. Meine Verwirrung mündete in ein vorsichtiges Nicken.
„Wir suchen junge Leute mit Interesse für darstellendes Spiel."
Ich muss recht deppert dreingeschaut haben, sogar nach meinem Traktor habe ich mich umgedreht, als könne er etwas Erhellendes zum Gespräch beitragen, oder als stünde jemand hinter mir, den die Verirrten eigentlich meinten.

„Theater", sagte die Dame.
„Theater gibt's hier nicht", sagte ich, froh, den Fremden endlich eine Auskunft geben zu können.
„Wir suchen aufgeweckte Mädchen und Jungen für den Schauspielerberuf. Euer Direktor hat gesagt, fragt den Bungert Arnold, der ist grade auf dem Feld. Deshalb sind wir hier."
Ich war mir nun sicher, dass es ihnen nicht um meine eigenmächtig ausgedehnte Mittagspause und die Weizenernte ging. Zwar redeten sie nach meinem Empfinden Unsinn, aber ich wollte vor diesen Städtern keinesfalls ungebildet erscheinen und den Eindruck, meine Kolchose sei womöglich kulturelles Brachland, unbedingt vermeiden. Wir haben Gewächshäuser, Getreidesilos, Karpfenteiche, Kürbis- und Sonnenblumenfelder, Rinder, Pferde und Hühner. Wenn die Zugereisten ein Theater wollen, werden wir eins hinstellen, auch mitten in die Steppe.
„Da muss ich erst meine Eltern fragen", sagte ich, stolz auf meine Schlagfertigkeit. Kim, Balzer und Ponomarenko hätten vor Leuten aus der Stadt gewiss keine Silbe herausbekommen, obwohl sie sonst ihr Maul nicht weit genug aufreißen konnten.
„Das ist ein guter Vorschlag, Arnold! Lass uns zu dir nach Hause fahren und mit deinen Eltern reden."

Statt die Fremden los zu werden, saß ich plötzlich in ihrem Auto, vielmehr einem Moskwitsch aus dem Kolchose-Fuhrpark, am Steuer Schulzens Fahrer. Sie sagten, ich müsse mir wegen Petuchow keine Sorgen machen; der Genosse Schulz hätte ihnen persönlich die Erlaubnis gegeben, mich mitzunehmen. Ich hatte es offenbar mit wichtigen Leuten zu tun!
Zu Hause ging ich voraus in die Küche, um meine Mutter vorzuwarnen. Mein Vater war natürlich abwesend, aber das musste ich ja nicht gleich jedem Dahergelaufenen erzählen, zumal sich manche Dinge ohne ihn besser regeln ließen.

Meine Mutter trug eine Schürze, weil sie gerade mit Marmelade Einkochen beschäftigt war, rote Spritzer besprenkelten ihre Unterarme, die Schürze, und beim Zurückstreifen einer Haarsträhne hatte sie einen Marmeladentropfen auf ihrer Wange unbemerkt zu einer Blutspur bis zum linken Ohrläppchen verschmiert.

Noch bevor ich etwas sagen konnte, hatte Mutter die Lage schon auf ihre Art gedeutet: Wenn der Sohn von Amtsträgern aus der Stadt vom Feld weggeholt und nach Hause gebracht wird, ließ das wohl nur den Schluss zu, der Junge hatte etwas ausgefressen.

Sie bat die Gäste ins Wohnzimmer, legte die Schürze ab, drohte mir mit dem Blick, es würde gleich was setzen, sobald sie erfahren hätte, welches Vergehen mir zur Last gelegt wird. Ich konnte ob meiner eigenen Unkenntnis nur schnell mit den Schultern zucken, was mir aber auch nicht weiterhalf. „Du bleibst draußen, Arnold", beschied Mutter. Die Besucher zögerten einen Moment. „Wäre es nicht besser, wenn der Junge …" Die fremde Dame brach ab. Mutter schloss hinter ihnen die Tür.

Ich spielte eine Runde Hindernislauf mit zwei Kartoffelkäfern auf dem Fenstersims, bevor ich sie in einem Schraubglas einfing.

Als die Gäste wieder herauskamen, wirkte Mutter irgendwie aufgedreht, allerdings nicht auf die Art, als hätte ich etwas zu befürchten. Eher im Gegenteil.

„Arnold", säuselte sie, „du musst morgen nicht auf dem Feld arbeiten!"

Die beiden Fremden nickten zustimmend, während ich mich fragte, was hier gespielt wird. Ein Tag Ferien einfach so? Oder musste ich dafür etwas tun? Ich bin ein vorsichtiger Charakter. Bevor du einmal schneidest, nimm siebenmal Maß, lautete das Lieblingssprichwort meiner Großmutter.

„Du bist vom Ernteeinsatz befreit. Schulz hat es schon genehmigt."
Der Herr kritzelte etwas in seinen Notizblock.
„Weil du morgen um neun zu einem Vorsprechen im Klubhaus eingeladen bist!"
Ich wusste nicht, was „vorsprechen" heißt. „Vorgesprochen" hat die Mutter auf Behörden, wenn sie irgendein Anliegen hatte, welches den Gang zu Behörden erforderlich machte. Sie ging niemals gern und freiwillig hin.
Ich hatte kein Anliegen. Ich konnte mir demnach ein Vorsprechen sparen. Meiner Mutter schien jedoch sehr viel daran zu liegen. Sie verabschiedete die Gäste außerordentlich höflich, als hätten sich diese als Staatsbesuch zu erkennen gegeben, lief plötzlich kopflos in die Küche und kehrte mit zwei noch warmen Marmeladengläsern zurück.
„Bitte probieren Sie von unseren Himbeeren!"
Die fremde Dame legte mir beim Hinausgehen kurz eine Hand auf die Schulter und sagte gütig wie einst meine Großmutter bei bester Laune: „Dann sehen wir uns ja morgen, Arnold! Und wenn dir nichts einfällt, spielst du einen Hund!"

Noch bevor sie mir vollends den Rücken zukehrte, kam ich ins Grübeln. Hatte sie „spielst du einen Hund" gesagt? Oder „spielst du mit einem Hund"? Beides ergab keinen rechten Sinn, und welchen Hund meinte sie überhaupt? Unseren Schäferhundmischling unbekannter Abstammung hatte sie gar nicht zu Gesicht bekommen, weil er Fremde boykottierte und sich nur von einem Stück Fleischwurst bestechen ließ.
Ohne zu einem Ergebnis zu kommen, begann ich mich darauf zu freuen, am nächsten Tag ausschlafen zu dürfen. Unverhofft geschenkter Urlaub! Wenn das Vorsprechen damit einherging, sollte es mir nur recht sein, da ich nicht annahm, es würde allzu viel von meiner Freizeit rauben.

Doch kaum waren die Fremden aus dem Haus, sagte Mutter, wir müssten sofort Frieda aufsuchen, unsere Bibliothekarin. Während sie ihre Hausschlappen gegen Sandalen eintauschte, erzählte sie etwas von einem Aufnahmetest für die Schauspielschule, auf den ich mich dringend vorbereiten müsse, redete von Prosa, Fabel und Etüde, den drei Bestandteilen des Vorsprechens, welche bis morgen beherrscht werden müssen; wobei das letztgenannte Stück, die Etüde, in meiner *Muttersprache*, nämlich *auf Deutsch*, vorzutragen sei.

„Was heißt denn bitte *auf Deutsch*", sagte ich, „das kommt jetzt doch etwas überraschend!"

„Sie suchen junge Talente für ein Deutsches Theater und daher sollen die Bewerber Deutsch können. Ich habe gesagt, du kannst es."

„Mama, du weißt, ich kann es nicht, und ich gehe da nicht hin!"

Ich fühlte mich reingelegt. Niemand hatte mich vorgewarnt. *Grombiera* und *dabbich*, damit war mein *muttersprachlicher* Wortschatz erschöpft. Zu wenig für die Bühne, aber genug um sich lächerlich zu machen; und wenn Mutter und Frieda beide vor mir auf die Knie fielen, mich stimmte nichts mehr um. Ich war mit mir im Reinen und wäre an dieser Stelle umgekehrt, hätten wir das Haus bereits verlassen.

Hatten wir aber nicht.

Mutter baute dramaturgisch gekonnt eine Pause ein und nahm erneut Anlauf.

„Aber Arnold, du hast doch so gerne den Kater in der Neujahrsaufführung gespielt. Erinnerst du dich noch an das Gedicht aus dem Bilderbuch? Das mit dem Jäger und dem Kaninchen? Du konntest es so gut auf Deutsch aufsagen! Piff-paff, eins-zwei-drei!"

„Mama, da ging es nicht um ein Kaninchen, sondern um einen Hirschen und es hieß: Husch husch! piff, paff! trara!"

„Siehst du, du hast es nicht vergessen! Jäger und Hirsch, das wäre doch passend!"
„Mama, da war ich sieben. Und außer dieser einen Zeile weiß ich nichts mehr."
„Egal! Wir brauchen das Bilderbuch, vielleicht hat Frieda es noch!", rief Mutter und schob mich durch die Haustür.

Frieda trafen wir im Garten bei ihren Tomaten an. Ohne lange Vorrede machte Mutter unserer Bibliothekarin ihren Begehr begreiflich, sie hielt sich nicht mit Höflichkeitsfloskeln auf, hatte keinen Blick für Friedas Ernteerfolge und die Sortenvielfalt im Gemüsebeet, da kam nur: Arnold, Aufnahmetest, Theaterschule, Prosa, Fabel und Etüde – sofort!
Die Bibliothekarin sah die Dringlichkeit ohne Widerrede ein, schloss für uns die Gemeindebücherei auf, die eigentlich nur einen Nachmittag in der Woche geöffnet hatte, um das Gewünschte herauszusuchen.
„Ach, der weiße Hirsch! Da war doch was. Warte mal, Arnold."
Frieda sammelte sich, holte tief Luft, deklamierte:
„Es gingen drei Jäger wohl auf die Pirsch,
sie wollten erjagen den weißen Hirsch.
Von Uhland. Schwäbische Dichterschule."
„Ja, das ist es! Hast du es noch?"
„Nicht im Bestand. Ich habe es privat ausgeliehen."
„An wen?" Mutter klang gereizt.
Frieda pustete behutsam den Staub von einem Buch, der in verdichteten Flocken nach unten rieselte.
„Verliehen ist verliehen. Kinder, ich mache euch einen Vorschlag: Das Uhlandsche Gedicht kenne ich auswendig, ich schreibe es euch auf. Sehr eingängige Reime, leicht zu merken."
„Gut, dann brauchen wir noch Prosa."
„Nehmt doch Tschechow und Krylow, damit kann man nichts falsch machen."

„Was hast du von Tschechow?"
„*Chirurgie*, ein Schwank für zwei Personen, ein Landfeldscher und ein Patient."
„Aber ich bin allein!", warf ich ein.
„Das passt schon", sagte Mutter mit einer Handbewegung, als würde sie mir über den Mund wischen wollen.
Prosa, Fabel und Etüde. Weder Mutter noch Frieda wussten so recht, was bei einem Vorsprechen unter einer Etüde zu verstehen war. Schließlich einigten sich beide, dass ich das Gedicht liedhaft vortragen sollte, denn im weitesten Sinne habe eine Etüde doch mit Musik zu tun …
Ich sagte, ich hätte keinen Schimmer, wovon sie redeten. Wie sollte ich über Nacht lernen, Reime über Jäger und Hirsche musikalisch ins Liedhafte zu übertragen?
„Alles eine Sache der Interpretation!", sagte Frieda. Sie erinnerte ohne jedes Mitgefühl daran, dass im Klubhaus ein Klavier ungenutzt herumstehe und Mutter bedauerte zum wohl fünftausendsten Mal, mich nicht schon auf dem Wickeltisch zum Klavierunterricht gezwungen zu haben.
„Im Kirchenchor wolltest du ja auch nicht mitsingen! Bei Balzers sind die Kinder immer dabei! Alle sehr musikalisch!"
„Wenn du mal den Text vergisst", sagte die Bibliothekarin, „stotter lieber nicht herum, sondern erzähl einfach, woran du gerade denkst! Und wenn es dein Traktor ist oder irgendein Mädchen, egal …"
Was glaubte sie wohl, wie oft ich an meinen Traktor dachte?
„Um eine Ausrede warst du doch noch nie verlegen, also wird dir auch da etwas einfallen!", sagte meine Mutter.
„Wobei kleine Kunstpausen ja durchaus erlaubt sind", sagte Frieda, als sei sie schon häufig im Theater gewesen und spreche aus Erfahrung.
Zwischen Schauspielern und mir hatte stets eine dicke Glaswand gestanden: die des Fernsehers.

„So eine Chance bekommst du nie wieder!", sagte Mutter und ich wusste, sie hatte Recht.
Ich stellte mir vor, im Zuschauerraum sitze Nelli Schulz und alles, was ich vor der Kommission aufsagte, jedes Wort, jede Zeile, gelte ihr allein als Liebeserklärung. Und natürlich als Heiratsantrag.

Jeder Gedanke an die bevorstehende Prüfung steigerte meine Unruhe in kleinen Wellen, die mich in immer kürzeren Abständen bedrängten. Da es mir unmöglich war, an etwas anderes zu denken, fühlte ich mich bald davon überflutet. Ich wusste damals noch nicht, dass dieser Zustand *Lampenfieber* heißt. Und dass er einen begleiten würde wie eine chronische Krankheit, mit der man sich arrangieren muss.
„Warum schneidet der Junge so komische Grimassen?", fragte Vater am Abendbrottisch, als er nach einem arbeitsreichen Tag als Agronom endlich heimgekehrt war.
„Er übt für die Aufnahmeprüfung", sagte Mutter.
„Gedichte? Als Traktorist?"
„Unser Arnold wird Schauspieler!"
Dem Vater blieb eine Kartoffel im Hals stecken.
„Ihr tickt wohl beide nicht mehr richtig!"
Ich zog mich im Rückwärtsgang auf mein Zimmer zurück.

„Mama, du kommst nicht mit", sagte ich. „Ich schaffe das allein."
Ich führte ihre Hände sanft zurück. „Du musst mich nicht umarmen. Es ist nur ein Vorsprechen, ich ziehe nicht in den Krieg."
Balzer war auch schon da, mit seiner Gitarre. Eigentlich ein Freund, heute Konkurrent. Neues Gefühl. Außer ihm und mir war noch ein Dutzend weiterer Mädchen und Jungen aus den

umliegenden Dörfern anwesend. Nelli nicht. Ich erhaschte einen Blick in den Zuschauerraum, er war leer.
Eine leichte Enttäuschung wehte mich an. Nelli hätte auf der Bühne eine fulminante Melkerin abgegeben. Und eine wunderbare Theaterbesucherin wäre sie sowieso.
Eine Helferin aus Schulzens Büro hakte mich auf einer Namensliste als anwesend ab. Das Vorsprechen erfolgte in alphabetischer Reihenfolge, nach einem einzigen A war Balzer dran und danach ich. Dank dem Alphabet klebten Balzer und ich ständig wie ein Brautpaar aneinander.
Ich studierte die angeschlagene Liste. Namen aus der Nachbarschaft. Dippel, Eisele. Melnikow, die hießen früher Miller, und lange davor Müller.
Ott. Riedle. Wagner. Nicht aus unserem Dorf.
Wer hätte gedacht, dass sich bei uns so viele junge Leute fürs Theater interessierten! Dass sie plötzlich alle dasselbe wollten wie ich, Schauspieler werden. Die vielleicht – oder ganz bestimmt – viel besser waren als ich. Die mehr als zwei Wörter in ihrer Muttersprache beherrschten. Die in mir einen Hochstapler erkannten. Den Jungen vom Feld.
Worüber sollten wir miteinander reden, solange wir auf unseren Auftritt warteten, völlig ahnungslos, was auf uns zukommt? Oder war nur ich ahnungslos und alle anderen wussten Bescheid?
Schade, dass Kim von diesem Spiel ausgeschlossen war. Kims Muttersprache war Koreanisch. Ich hatte ihn nie gefragt, wie vertraut er mit seiner Muttersprache war. Reichte es bei ihm für *Krieg und Frieden* auf Koreanisch? Manchmal wechselte er ein paar unverständliche Sätze mit seiner Mutter. Sie verkaufte von früh bis spät koreanische Spezialitäten auf dem Basar und rief die Kundschaft auf Russisch herbei. Sie lege ihre Hand ins Feuer, dass es nirgendwo bessere Salate gebe als an ihrem Stand. Ihr Angebot an eingelegtem Gemüse schimmerte ölig in allen

Regenbogenfarben und roch wie eine Gewürzkarawane. Wenn meine Mutter Kims Mutter nach deren Rezepten fragte, wurde diese wortkarg und lächelte abwesend. Kim für seinen Teil hatte großen Gefallen an meiner Leibspeise Strudel mit Schweinefleisch und Sauerkraut gefunden. Strudel hießen bei uns Hefeteigschnecken, die auf Schichten aus Kartoffeln, Fleisch und Sauerkraut dampfgegart wurden. Das Dampfgaren war der Hefe wegen ein hochsensibler Prozess, weshalb Mutter uns von klein auf eingeschärft hatte, ja die Finger vom Topf mit dem noch unfertigen Strudel zu lassen, denn schon ein winziger Lufthauch könnte ihn in sich zusammenfallen lassen. Vor Ablauf einer bestimmten Zeit war es im Hause Bungert allen streng verboten, den Deckel vom Strudeltopf zu nehmen. Das war ein ebenso ehernes Gesetz wie keine Stricknadeln in Steckdosen zu stecken.
Besuchern des Hauses war strudelkonformes Verhalten jedoch häufig unbekannt.
Genau einmal in seinem Leben hatte Kim, angelockt vom appetitlichen Duft, sorglos den Deckel hochgehoben und mit bloßem Finger in den Strudeltopf gelangt, um hernach die Soße von diesem abzulecken. Meine Mutter stand entsetzt im Türrahmen und ich sagte nur, Mama, es ist nicht so wie du denkst ...
Ich weiß, mein Freund, das passiert dir nicht nochmal.

Um mich herum drehten sich die Gespräche um die vorbereiteten Stücke. Was stellst du vor? Welche Fabel? Welche Etüde? Welche Prosa?
Ich werde da reinspazieren und nicht an das Gerede der anderen denken.
Ich werde mit hocherhobenem Kopf sagen, mein Name ist Bungert, Arnold.

Ich werde meinen Text nicht vergessen. Krylow, Tschechow und der Hirsch.
Ich werde für Nelli spielen, auch wenn sie nicht da ist.
Als Balzer aufgerufen wurde, war ich versucht, mein Ohr an die Tür zu legen. Ich lehnte mich zumindest lässig an, als fiele mir das Stehen schwer. Zwischen Gemurmel und Gitarregeklimper hörte ich ein aus Balzers Kehle geröhrtes *piff-paff* und *trara!* heraus. Der Jäger! Balzer, der Dieb!
Nach einer ewig langen halben Stunde kam Balzer wieder heraus, erzählte, dass außer der Kommission niemand zugegen war. Die Damen und Herren seien allesamt Theaterpädagogen aus Moskau. Deutsch verstehe von denen keiner, man könne ihnen leicht ein U für ein X vormachen, sie würden es sowieso nicht merken. Der deutschkundige Lokalredakteur des Wochenblatts *Neues Leben* sei überraschend auf Dienstreise geschickt worden und der Deutschlehrer aus dem Nachbardorf liege mit Sommergrippe im Bett, also optimale Bedingungen für uns.
Das Vorsprechen habe Balzer einfacher gefunden als zehn Minuten melken oder mähen. Deshalb, klare Sache, wolle er in Zukunft lieber Theater spielen als Bauer sein.
Ich wollte Nelli nahe sein. Aber wollte sie das auch?
Balzer würde ein Bühnendiplom bekommen, berühmt werden, auf ein Gastspiel im Heimatdorf halten und Nelli Schulz würde ihn anhimmeln.
Das wollte ich nicht.

Meine Mutter hatte mir geraten, beim Sprechen den Mund weit zu öffnen, das sei schon die halbe Miete. Und nicht auf den Boden zu schauen. Und die Hände nicht in den Hosentaschen zu lassen. Und den Hecht, den Krebs und den Schwan nicht zu vertauschen. Ob ich Deutsch spreche, sei dagegen weniger wichtig, sie wette, sie würden sowieso niemanden in meinem

Alter finden, der das passabel könne. In letzter Minute hatte Frieda uns ein Eichendorff-Gedichtbändchen im Original aus ihrer privaten Bibliothek in die Hand gedrückt, mit dem wohlmeinenden Hinweis, ich müsse mir ein *Repertoire* aufbauen, welches mir Sicherheit gebe. Nichts sei schlimmer als Lücken im Vortrag bei gleichzeitiger Abwesenheit einer Souffleuse! Ins Stocken könne jeder geraten, sich geschickt herauszuwinden sei die Kunst.

Das Lesebändchen markierte die Seite mit dem Gedicht von der Wünschelrute. Das sei ein Manifest der Poesie über das Lied, das in allen Dingen schlafe, hatte Frieda salbungsvoll dazu gesagt. Nur vier Zeilen, dachte ich dankbar, die schaffst du, Arnold!

Ich stellte mich vor den Spiegel und sagte „Wünschelrute", ohne zu wissen, was das heißt und wie man es richtig ausspricht. Ich rollte die Silben im Mund hin und her, schmeckte ihren Klang, übertrug die Laute in kyrillische Buchstaben – вюнь-шель-рутэ. Je öfter ich das Wort wiederholte, desto mehr gefiel es mir. In seiner Fremdheit verbargen sich Anmut und Magie, die sich vielleicht auflösen würden, wenn ich um seine Bedeutung wüsste? Ich probierte es donnernd wie Zeus und einschmeichelnd wie eine Elfe auf Zehenspitzen.

Wenn Lieder in allen Dingen schlafen, dann wohl auch im Hecht und im Schwan. Wovon träumen Lieder? Aufzuwachen und mit Nellis Stimme zu singen. Hat jeder nur ein Lied, sein eigenes? Oder wandern sie umher, passen sich den Dingen an, die ihnen Schlafstatt, Traumplatz und Bühne in einem sind?

Nach der zweiunddreißigsten Wiederholung sah ich plötzlich Krylows Tiere singend vor mir, untermalt von Vaters Schnarchgeräuschen aus dem elterlichen Schlafzimmer. Das war der Moment, in dem Mutter mich ins Bett schickte, wo während meines unruhigen Schlafs die Helden aus Fabeln und Reimen weiterhin ihren Schabernack mit mir trieben.

Zum Vorspiel erschien überraschend Schulz. Er wolle uns viel Glück wünschen. Uns jungen Leuten werde heute eine einmalige Gelegenheit geboten, die wir kräftig beim Schopfe packen sollten. Er habe volles Vertrauen in uns als künftige Repräsentanten kultureller Werte, deren Erhalt uns obliegen würde; ein Theater aufzubauen sei eine großartige Sache, wo wir gewiss großartige Dinge vollbringen werden. Studentenzeit sei die schönste Zeit, und wenn er noch einmal jung wäre …
Jemand von der Kommission rief den nächsten auf: „Bungert!"
Ich machte einen Schritt auf die Tür zu. Schulz folgte mir, legte mir aufmunternd kurz eine Hand auf die Schulter und nahm Platz in der dritten Reihe, etwas abseits der Kommission. Ich ließ den Gedanken zu, ich sei unverhofft zwischen die Fronten geraten, und sei nun sowohl den Prüfern als auch meinem einzigen Zuschauer ausgeliefert. Und dass Balzer es wieder einmal leichter als ich gehabt hatte, wie so oft, weil er im Alphabet vor mir kam. Was wahrscheinlich nicht stimmte, und jetzt ohnehin nicht der Augenblick war, darüber nachzudenken.
Also schob ich das alles beiseite und konzentrierte mich auf meine Aufgabe, die Anwesenden zu beeindrucken. Ich bemühte mich, jedes Wort nicht nur besonders laut und deutlich auszusprechen, sondern es wie Lehm auf einer Töpferscheibe zu formen. Als Tschechows Zahnschmerzpatient achtete ich darauf, leidgeprüft zu nuscheln und dennoch vernehmlich zu referieren.
Als Feldscher kam ich nur bis „Belehr den Gelehrten!", innerlich ehrlich aufgebracht ob der Widerborstigkeit des Patienten mit dem fauligen Gebiss, als die Dame von der Kommission unterbrach: „Das reicht, Arnold. Welche Fabel oder Etüde willst du vortragen?"

Wenn selbst Balzer den „muttersprachlichen" Pflichtteil bravourös gemeistert hatte, wollte ich nicht daran scheitern.
„Krylows Tierfabel und die *Wün-schel-ru-te*", sagte ich, immer noch verärgert, dass Balzer Uhlands weißen Hirschen vor mir abgeschossen hatte. Da Eichendorffs Lieder in allen Dingen schliefen, brauchte ich mich nur umzuschauen, da ein Stuhl, dort der Tisch, der Flügel und der wippende Fuß der Prüferin, es sollte mir ein Leichtes sein, sie aus ihrem Schlaf zu wecken.
„Hast du uns auch etwas Musikalisches mitgebracht?", fragte die Dame.
Ein Lied, ein Lied, hämmerte es in mir, du hast das Lied vergessen! Denk an Sonne, Lagerfeuer, Sommerferien, rote Halstücher ... Ich stimmte ein Pionierlied an, sang die erste Strophe ohne größere Patzer zu Ende. Unsicher verbeugte ich mich, die Bühne mit meinen Haaren kehrend, bevor sie auf den Gedanken kamen, womöglich weitere Strophen einzufordern ...
„Sehr schön", sagte die Pädagogin. „Und zum Abschluss noch eine Improvisationsübung."
Improvisa-was? Das war nicht abgesprochen. Ich versuchte, mich nach außen unbeeindruckt zu geben, als seien Improvisationsübungen mein täglich Brot. So etwas wie eine altbewährte und vertraute Weizensorte.
„Spiel einen Hund!"
Ich glaube, es war ein heißer Tag, so heiß wie heute, als meine Schwester einen herrenlosen Welpen von der Straße auflas und nach Hause brachte. Er wäre sonst verdurstet und verhungert, erklärte sie wie jedes Mal, wenn sie irgendeinen Findling vor dem sicheren Tod rettete. Sie taufte ihn mit Spritzern aus der Regentonne auf den Namen Bobik. Nachdem Bobik seinen Wassernapf leergeschleckt und eine gute Portion von Mutters Borschtsch verputzt hatte, tollte er herum wie ein Irrer. In der Folge bewies Bobik nicht nur mit einem Blick aus braunen Kulleraugen seine unbedingte Zuneigung zu allen Familien-

mitgliedern, sondern mit ausgiebigem Beschlabbern nackter Menschenhaut.
Pah, die Aufgabe war leicht.
Ich wusste, wie Hund geht.

Die Kommission bat mich zu warten.

Ich habe gewartet.
Geduldig. Besonnen.
Versucht habe ich es wohl, aber nein: Keine Spur von Gelassenheit.
„Es hat alles seine Zeit", sagte Mutter.
Dass sie gemeinsam mit mir wartete, machte mich noch ungeduldiger.
„Hört mir bloß auf mit dem Blödsinn", sagte Vater, „der Junge geht nicht nach Moskau, er bleibt hier!"
Sonst sagte er nicht viel, er hatte ja allerhand zu tun in der Kolchose.
Der Sommer schritt voran, ich fuhr weiter mit dem Traktor über die Äcker, bis der letzte Strohhalm abgeerntet war. Petuchow war irgendwohin versetzt worden, angeblich befördert wegen guter Leistungen und langjähriger Erfahrung, hieß es offiziell, aber vielleicht wollte ihn einfach jemand loswerden.
Als Nelli Bungert, kam es mir in den Sinn, würde Nelli Schulz im Alphabet erheblich vorrücken. Dennoch erschien es mir unpassend, unsere Beziehung mit einem Hinweis darauf anzubahnen.

„Balzer hat die Zusage schon bekommen. Er darf im Herbst nach Moskau, um Schauspielkunst zu studieren!"
„Wahrscheinlich nehmen die jeden!", sagte meine Mutter in bester Absicht, sah mich dabei jedoch so bestürzt an, dass mir das Ausmaß der Ungerechtigkeit noch deutlicher bewusst wur-

de. Ihr kläglicher Trostversuch vermochte es nicht, meinem Lamento Zügel anzulegen.

„Warum nicht mich? Warum gerade Balzer? Er hatte doch noch nie etwas am Hut mit Gedichten und so. Im Schultheaterstück in der Achten wollte er nicht mal der stumme Tannenbaum sein. Was zieht ihn denn jetzt bloß auf die Bühne?"

Ich dagegen!

Ja, was? Du?

Sagen wir es mal so, ich war bisher vielleicht nicht als das Jahrhunderttalent im Rezitieren von Gedichten aufgefallen. Sobald der Kram poetisch wurde, hieß es im Literaturunterricht stets: „Drei minus, setzen, Bungert!".

Aber Moment.

Was hieß das schon? Dass ein Lehrer an einer Dorfschule in dieser Sache irgendeinen Wissensvorsprung hätte?

Nein! Mutter war ganz meiner Meinung.

Seit Kindertagen liebte ich es, mich mit meiner Schwester zu verkleiden und unsere Romanhelden nachzuspielen. Ich hatte sogar wechselnde Partnerinnen auf der Wohnzimmerbühne, wenn man unsere sehr wandlungsfähige alte Wolldecke mitzählte. Ach, ich hatte sie ganz verdrängt, die treue Gefährtin, seit ich mich für sprechende Mädchen interessierte! Sie wird inzwischen von Motten zerfressen sein.

Meine Liebe zur Dichtkunst, plötzlich erweckt, versprach noch zu wachsen …

„Ach, nimm es nicht so schwer, Arnold! Balzer hat eben mehr Glück als Talent gehabt. Oder seine Eltern haben der Kommission etwas zugesteckt."

Vielleicht war meine Mutter insgeheim sogar froh, dass sie mich zu Hause behielt, während Balzers Mutter bittere Abschiedstränen weinen würde. So gesehen, konnte ich sie verstehen.

Und Nelli! Unsere Wege würden sich so oder so trennen, selbst wenn ich im Dorf bliebe, ginge sie weg. Wer hätte sie wohl festhalten können?

Sie gab eine Abschiedsfeier, Balzer war natürlich eingeladen.

Ich nicht.

„Du kannst auch kommen, kein Problem. Gibt ja keine Eintrittskarten", sagte er gönnerhaft, als wäre er selbst der Gastgeber, wofür ich ihn hasste. Aber ich wollte ja dabei sein!

Nellis Eltern waren verreist und hatten ihr für einen Abend Haus und Hof überlassen. Selbstgebastelte Papierlaternen erhellten den Weg, im Garten brannte ein Lagerfeuer. Dort war auch sie, noch schöner im Licht der Flammen, umringt von der gesamten Dorfjugend.

Sie rauchte.

Wenn mir mein Vater, Arnold Bungert senior, von seiner Nachkriegsjugend erzählte, durfte die Geschichte von seinen ersten Erfahrungen als Raucher nicht fehlen. Aus ihm wurde keiner, soviel sei vorausgeschickt, weshalb er sich uns als gutes Vorbild empfahl. Nichts habe es nach dem Krieg gegeben, weder Brot noch Tabak noch Zigaretten, aber die Jugend sei wie eh und je in der Not erfinderisch gewesen. Bei seinen Freunden, die von Kindesbeinen an durch üppige Wiesen voll wildem Hanf gestreift waren, sprach sich die Mär herum, dass Kartoffelblüten sich als Tabakersatz eigneten. Die Halbwüchsigen stahlen die Blüten von den Kartoffelfeldern der Kolchose, trockneten sie und stopften sie in selbstgebastelte Papierröllchen. Mein Vater probierte; fand, es schmecke widerlich und sorge für Übelkeit. Er weigerte sich fortan, an diesem Freizeitvergnügen teilzuhaben. Seine kurze Laufbahn als Kartoffelblütendieb und Rauchernovize fand damit ein jähes Ende. So viel Vernunft wünsche er sich auch von seinen Nachkommen; also von meiner Schwester und mir.

Kim, der tollkühne Held, hatte – wider alle Vernunft – sogleich einen Selbstversuch gestartet. Immerhin sei ihm nach dem Genuss recht warm geworden und er habe den Drang verspürt, nach Hause ins Kühle zu gehen. Es zog ihn in den Südpol, zu seinen Brüdern und Schwestern, den Pinguinen. „Mensch, Kim, lass den Scheiß!", riefen wir besorgt. Er fühlte sich in der Tat heiß an und redete wirres Zeug, bis wir ihm einen Eimer Wasser über den Kopf kippten und das leere Gefäß für zu erwartende Übelkeitsanfälle unterstellten.
Kartoffelblüten, so Kims Fazit, seien gar nicht so ohne und verdienten Respekt.
Eines Tages wollte ich meinem Vater von Nelli erzählen. Nicht heute oder morgen. Er würde sich über die künftige Verwandtschaft weniger freuen als Mutter, das wusste ich, wegen dem alten Schulz. Irgendeine alte Rechnung. Der Schulz würde noch bekommen, was ihm zustehe. Wenn mein Vater getrunken hatte, begann er politische Reden zu schwingen, die niemand hören wollte. Immerhin achtete er darauf, dass der Zuhörerkreis durch die eigenen vier Wände begrenzt war. Er schimpfte auf unsere Regierung, diese würdigen Erben von Banditen, das skrupellose, korrupte und habgierige Pack! „Still!", sagte Mutter, doch er war nicht zu bremsen. Volksvertreter, die hinter den Mauern des Kreml im sicheren Moskau hockten, abgeschottet von den Alltagsproblemen ihrer Untertanen … Wie viele ihrer Vorgänger und Helfershelfer lebten noch in den besten Lagen des Landes, betagt und unbehelligt, gut versorgt als „Ehrenpensionäre", dekoriert mit Medaillen für ihre blutdürstigen Dienste in staatlichem Auftrag … So waren die Zeiten, *wir konnten nicht anders*, wo kein Gewissen, da keine Reue. Es war Mutters Aufgabe, ihn wieder zur Vernunft zu bringen. „Genau deshalb bist du nur ein kleiner Agronom und kein Kolchosevorsitzender", sagte sie zu ihm.
„Aber ein guter Agronom", sagte er.

Zu mir sagte sie, der Vater meine es nicht so, es sei der Alkohol, der ihn verführe, und dass ich das Gehörte ganz schnell vergessen solle.

Der Vater trank selten. Trotzdem war ich geübt im Erkennen und Überhören heikler Themen. Jeder weiß, Banditen gibt's in unserem Land nur im Fernsehen. Und es gibt immer zwei Wahrheiten, eine für drinnen und eine für draußen. Ich durfte sie nur nicht verwechseln.

Ich hielt mich in Nellis Nähe und rückte blitzschnell nach, als neben ihr ein Platz frei wurde. Ich hatte geschwind gehandelt, ohne darüber nachzudenken, ob ich hätte fragen müssen „Darf ich?" oder „Ist hier frei?".
Einmal alle Vorsicht vergessen, Arnold!
Das war gut.
Ihr bronzeschimmernder Arm war gerade mal zehn Zentimeter entfernt von meinem. Eine unverfängliche Bewegung, und wir hätten uns berührt. Wahrscheinlich hätte es dann für alle hörbar geknistert. Irgendein Vollidiot warf einen Holzklotz, dick wie ein Elefantenbein, achtlos in die Glut, ein Funkenregen fiel glimmend auf meine Knie, mir wurde sehr heiß.
„Willst du auch?", fragte Nelli, zu mir gewandt. Ihre Pupillen waren riesengroß, tief und flammend vom Widerschein des Lagerfeuers. In der Hand hielt sie eine Zigarette.
„Nein", sagte ich, ganz ohne nachzudenken.

Nach Nellis Abschiedsfeier bekam ich ein Telegramm aus Moskau. Es hatte denselben Wortlaut wie bei Balzer. Vielleicht war ich als Bungert später dran. Mutter riss es mir aus der Hand, hielt das Blatt weiter weg, um den Text zu entziffern. Dann fiel sie mir so stürmisch um den Hals, dass ihr die Haarnadeln herausfielen. Ich hielt still und wartete, bis sie mich und das

Telegramm aus ihrer Umarmung befreite. Das Papier hatte ein paar Knitterfalten davon getragen. Mir schmerzten die Rippen.
„Was soll denn der Junge beim Theater?", fragte Vater. Hatte er nicht deutlich gemacht, dass die Fachschule für Hydromelioration die Bildungsstätte seiner Wahl für mich war? Dort hätte ich gleich bei uns ums Eck einen nützlichen Beruf erlernen können. Jetzt plötzlich Moskau! Wenn das nicht verrückt war! Schauspielerei sei überdies in seinen Augen gleichbedeutend mit Zirkus: im Grunde fahrende Leute.
Er führte weiter an, dass auf meinen Freund Kim und die Tochter vom Schulz nach Abschluss der jeweiligen Ausbildung gute Arbeitsstellen in unserer Kolchose warteten. Das nenne er ein solides Fundament fürs Leben. Nicht diese Schnapsidee von einem Deutschen Theater in der Steppe ...
„Vor wem willst du denn auftreten? Vor einer Herde Saiga-Antilopen etwa?"
Mutter machte hinter Vaters Rücken das Verschwiegenheitszeichen. *Lass ihn reden. Wir wissen es besser.*

Ich war noch beim Kofferpacken, da sprach Mutter vor den NachbarInnen und Kolleginnen schon von ihrem Sohn, *dem Schauspieler ...*
Bungert, Arnold Arnoldowitsch. Der Sohn von.
Schauspieler.
Ich.

Laudatio auf die 2. Preisträgerin: Michaela Hanel

„Himmelpfortgasse. Walfischgasse. Haus der Musik. Namen wie aus dem Märchenbuch".
So beginnt der Roman-Auszug von Michaela Hanel, der mit „Leevke" überschrieben ist. Sofort ist dem Leser klar, dass wir uns in Wien befinden. Der Stadt des Theaters. Wir folgen einer jungen Frau, die offenbar den Namen Leevke trägt, zum Vorsprechen.
„Ihr Gang wiegt und klackt wie bei Elizabeth Taylor, I have a woman's body and a child's emotions, das Geheimnis eines immensen Erfolgs."
Leevke hat es in die zweite Runde zur Aufnahme auf die Schauspielschule geschafft. Das ist bereits ein Erfolg. Aber die Konkurrenz ist groß. Viele wollen SchauspielerInnen werden. Wollen die Bretter erobern, die angeblich die Welt bedeuten. Das kann einen verunsichern. Oder man versucht, sich ganz auf sich und seinen eigenen Ausdruck zu konzentrieren. Wie Leevke. Maggie Pollitt. Die Katze auf dem heißen Blechdach. Das ist ihre Rolle. Dafür braucht sie keine Requisiten. Alles ist in ihrem Körper. Lautstärke, Mimik, Gestik, alles kann sie *„auf Autopilot"* auf der Bühne abrufen.
„Und vielleicht bist du dann schon besoffen genug, mir zu glauben."
So beendet Leevke triumphierend ihren Monolog und schaut erwartungsfroh nach vorne in die Scheinwerfer. Doch in den dunklen Gesichtern der Jury lässt sich nichts ablesen. Und das Vorsprechen ist auch nicht mit ihrer Interpretation der Maggie Pollitt beendet, sondern Leevke wird aufgefordert, eine „Variation" in legerer Kleidung zu spielen:
„Sie sind einfach eine junge Frau, die Angst hat, wahnsinnig zu werden."

Wie soll das gehen? Sie sind einfach eine junge Frau, die Angst hat, wahnsinnig zu werden!? Alles, woran Leevke sich beim Vorspielen innerlich festhalten konnte, ihr erlernter Ausdruck, ihre Haltung, ihre Kleidung, alles fehlt ihr nun. Sie soll spielen, einfach spielen! Wie ein Kind. Ganz ohne Maske.

„Was bleibt dann noch?"

Alles kracht zusammen in Leevke. Plötzlich ist sie wieder das Schulmädchen, über das alle lachen, das sich in der Toilette einsperrt, mit einer Klinge ritzt, schließlich in einer Klinik landet und mit einer „*Diagnose*" entlassen wird. Am Ende des Vorsprechens hört sie sich nur noch von weitem „*wie durch Watte*" das geforderte Kinderlied singen. Sie selbst oder ihr Selbst scheint verschwunden zu sein.

Soweit ein kurzer Einblick in einen ganzen Roman, von dem uns hier leider nur ein kurzes Kapitel vorliegt, das aber bereits erahnen lässt, was für seelische Untiefen ausgelotet werden. Schnell und eindrücklich tauchen wir in Leevkes Gefühlswelt ein, bekommen ein plastisches Bild von ihr und durchleiden mit ihr das Vorsprechen. Im Kontrast zu ihren Gedanken und Gefühlen steht geschickt die direkte, sachliche Rede der Jury, die sich weniger für die Stimmung als die Stimme der Kandidatin interessiert. Theater als Handwerk.

Michaela Hanel schreibt in ihrem Roman aber nicht nur über Leevke, sondern über zwei Freundinnen, die sich zufällig als Mitbewohnerinnen in einem Studentenwohnheim begegnen. Über die psychisch kranke Leevke, die als „Borderlinerin" aus der Klinik entlassen wurde und Schauspielerin werden will. Und über die vereinsamte Hanna, die Leevkes rettender Anker ist. Jede ist für die andere „Die Andere". Eine intensive Freundschaft entsteht, die sich aber immer mehr als gefährliche Abhängigkeit entpuppt, so schreibt Michaela Hanel selber über ihr Werk.

„Die Andere" ist auch der Titel des bereits fertigen Romans, für dessen Anfang Michaela Hanel mit dem Künstlerförderpreis der Stadt Friedrichshafen und einem Arbeitsstipendium des Förderkreises deutscher Schriftsteller in Baden-Württemberg gefördert wurde. Aus ihrem Lebenslauf lässt sich nur erahnen, wie viel Herzblut und Lebenserfahrung aus ihrem beruflichen Umfeld in die schriftstellerische Arbeit eingeflossen sein könnten. Nach dem Abitur studierte Michaela Hanel u.a. Psychologie in Wien, lebt nun in Balingen (Baden-Württemberg) und arbeitet als Psychologin und Bezugstherapeutin in einer psychosomatisch-psychotherapeutischen Klinik. Daneben hat sie als Autorin in Literaturzeitschriften und Anthologien veröffentlicht.

Beim Schwäbischen Literaturpreis ist Michaela Hanel keine Unbekannte. Bereits 2009 erhielt sie für ihren Text „Es muss das Hrz ..." den Nachwuchspreis. Dieses Jahr nun den zweiten Preis für „Leevke". Wir gratulieren und wünschen ihr, möglichst bald genau den richtigen Verlag für die Veröffentlichung des gesamten Romans zu finden.

Sebastian Seidel

Leevke

Auszug aus einem Romanmanuskript

Michaela Hanel

Himmelpfortgasse.
Walfischgasse.
Haus der Musik.
Namen wie aus dem Märchenbuch.
Im Bestfall bald der tägliche Weg.
Der Morgen ist klar und angenehm frisch, die Luft noch kühl von der Nacht. Sie hat Maggie und Jackie in ihrer Tasche, die Sonnenbrille, die Perlenkette, und im Kopf und im Körper: alle Rollen, alle Sätze. Trainiert und zum Abruf bereit. Ihr Gang wiegt und klackt wie bei Elizabeth Taylor, *I have a woman's body and a child's emotions*, das Geheimnis eines immensen Erfolgs.
Sie öffnet die schwere Eingangstür, durchquert den Gang zur Kabine des Pförtners. Ein freundliches Nicken in seine Richtung, sie kennt den Weg in den zweiten Stock. Da ist Geschnatter auf der Treppe, ein Pulk auf dem Gang. Da stehen sie also wie alte Freunde, vertraut und laut und eingeschworen. Wie ein Ensemble: schon ausgewählt. Sie nähert sich, stellt sich dazu. Rücken und Schultern auf Augenhöhe, keiner rutscht zur Seite, lässt sie ein. Also zwängt sie sich an ihnen vorbei. Im Warteraum hockt die Schneidersitzgruppe, ein paar der Gesichter wirken vertraut.
„Dann haben sie gesagt, ich soll's nochmal spielen, aber im Dialekt meiner Heimat! Und ich so: Ich kann überhaupt kein Bayerisch!"
Freie Sofas daneben, setz dich hin, atme durch.

„Sei froh, ich hab gestern flüstern müssen – aber so, dass sie alles verstehen!"
Hör da nicht hin, blend alles aus, denk einfach an deinen Text. *Wenn man ein Feuer nicht zur Kenntnis nimmt, dann heißt das noch lange nicht, dass es gelöscht ist.* Sie lockert die Schultern. *Schweigen macht alles nur noch schlimmer. Es wächst und wuchert schweigend weiter, wird bösartig ... Zieh dich an, Brick.*
Immer mehr Konkurrenz kommt herein. Schüchterne Mädchen ohne Ausstrahlung. Die meisten nicht so hübsch wie sie, keine hat ein Gesicht wie Liz Taylor.
„Ich sollte *mehr wagen* und *körperlicher* werden!"
Wildes Gegacker.
„Körperlicher!"
„Egal, das heißt nichts! Nur wenn sie gar nicht mit einem arbeiten, heißt das, dass man schlecht war!"
Unruhe. Die Schneidersitzgruppe erhebt sich vom Boden. Auch sie steht auf, kann trotzdem nichts sehen. Starrt nur auf Rücken und Hinterköpfe.
„Sind jetzt alle da?" Eine Männerstimme am Ende des Raums. „Dann fange ich an. Ich begrüße Sie ganz herzlich zum – für Sie – zweiten Auswahltag. Glückwunsch, dass Sie es bis hier her geschafft haben!" Ein Klatschen und Stampfen der Konkurrenz. „Vom Ablauf her wird es heute ähnlich sein, am Vormittag die Monologe und wir arbeiten vielleicht ein bisschen daran. Am Nachmittag wird es die Gelegenheit geben, uns mit einem der Lerndialoge zu überzeugen. Hier stehen schon Ihre Anspielpartner, alles Studenten höherer Semester." Ein selbstgefälliges, tiefes Lachen. „Wir freuen uns!"
Wieder Geklatsche, Gemurmel, Geplauder, schon lichtet es sich, werden Abstände größer. Die ersten schieben sich auf den Gang. Ein Mädchen mit Liste bleibt im Türrahmen stehen: „Selina Richter?"
Und es geht wieder los, das Bangen, das Hoffen. Und Warten.

Und warten.
Und warten.

Als sie endlich an der Reihe ist, hat sie das Gefühl, seltsam benommen zu sein, die Stimme zu lang nicht benutzt. Ein paar Schritte nur, bis alles sitzen muss: Haltung, Mimik, Intonation. *Du siehst so kühl aus, so beneidenswert kühl!* Streck dich und nimm die Schultern zurück. Das Maggie-Gefühl, da ist es wieder, sie geht durch die Tür, an der Jury vorbei, auf die Bühne hinauf, so hoch wie zwei Stufen: zwei Treppenstufen auf einmal. Die Kleidertüte stellt sie neben sich ab. Die Jury ist jetzt doppelt so groß, ein weiterer Tisch kam dazu. Noch mehr Starbucksbecher, Thermoskannen.
„Leevke Rehm?" Eine hagere, blasse Frau um die vierzig.
„Ja."
„Willkommen in der zweiten Runde." Die Frau klingt genervt. „Die beiden Jurys sind jetzt zusammengelegt, ansonsten hat sich nicht viel geändert. Womit fangen Sie an?"
„Maggie Pollitt. Die Katze auf dem heißen Blechdach."
Die Frau kritzelt etwas aufs Papier, nickt ihr zu.
Sie geht nach hinten, in die Mitte der Bühne. Die Scheinwerfer blenden und sorgen dafür, dass die Jury dahinter zu Schemen wird.
„Brauchen Sie Requisiten?" Eine Männerstimme hinter der Helligkeit.
„Nein." Sie streicht das Kleid glatt.
„Dann legen Sie los."
Ein letztes Mal durchatmen.
Mach!
„Du hast natürlich immer diese kühle Art gehabt." Es funktioniert. Ihre Stimme ist tief und kräftig und da: „Als würdest du nur ein Spiel spielen, und es ist dir ganz egal, wer gewinnt oder verliert. Und jetzt, wo du das Spiel verloren hast, nein, nicht

verloren, sondern nur aufgegeben, da hast du diesen seltsamen Charme. Du siehst so kühl aus, so beneidenswert kühl!" Es fließt. Wie etwas, das angestellt worden ist, nur ein Kippen des Schalters benötigt hat: die hundertmal geprobten Sätze, dazu ausgeführten Bewegungen, jeder Satz gibt den nächsten, jede Geste die andere, als würde sie durch diese Szene gezogen, sie weiß nicht von was, aber lässt es geschehen, will es nicht stoppen, könnte es gar nicht, sie hört sich sprechen, die Stimme wie immer, nur viel weiter weg. Hört die Pausen, da wo sie hingehören, wird lauter, wo sie es immer tut, und wieder ballt sie die Hand zur Faust, aber diesmal hat sie die Wut im Griff, spricht einfach, denkt an niemanden mehr: „Du warst ein wunderbarer Liebhaber ... Deine Gleichgültigkeit hat aus dir einen so wunderbaren Liebhaber gemacht – seltsam, was?" Hat jede Regung einstudiert, kann sie abrufen, ausführen, ohne zu fühlen: „Ich hab ihn nunmal nicht, diesen Charme der Besiegten." Sie hat Nuancen austariert, die Verzweiflung, das Brodeln, den Trotz. „Ich hab den Kampf aufgenommen und ich will gewinnen!" Hat all das wieder und wieder justiert und jetzt bedient die Routine die Regler: dosiert ihre Laustärke, Mimik, Gestik, hebt ihre Hände, souffliert ihr die Worte, macht, dass ihr Blick einen Brick fixiert und gleich darauf auf die Schuhe rutscht. Lässt sie über die Bühne schreiten, dem Schluss entgegen, auf Autopilot: „Später heut Nacht werd ich dir sagen, dass ich dich liebe." Die Arme verschränken, die Pause halten. Den Blick direkt auf die Jury richten, die Helligkeit, hinter der sie sitzen. Sie spürt das Lächeln, dessen Anblick sie aus dem Spiegel kennt, ein Lächeln, das allein diesem Satz gehört: „Und vielleicht bist du dann schon besoffen genug, mir zu glauben."
Das war's.
Wie Aufwachen: Zurückzukommen in ein Hier und Jetzt, in dem man sich wieder selbst steuern muss.
„Danke." Eine Frauenstimme.

Sie geht nach vorn an den Bühnenrand, um sehen zu können, wer spricht. Die Blicke der Jury sind uneindeutig. Ein Tuscheln, dann taxiert sie der Mann links außen, schielt ernst über den Rand seiner Künstlerbrille: „Dann würde ich gern eine Variation probieren."
Sie schluckt. Will ihren Atem ruhig kriegen.
„Sie haben doch sicher die legere Kleidung dabei, um die wir Sie alle gebeten haben?"
„Ja."
„Ziehen Sie die mal an."
Sie geht hinter den Paravent. Ihre Beine sind schwächer als gedacht. Sie zieht ihre Stiefel, die Absätze aus. Das weiße Kleid. Zieht Jeans und T-Shirt an und überlegt wegen der Schuhe. Aber ahnt es. Lässt sie weg. Der Boden ist kühl durch den Strumpfhosenstoff. Sie selbst plötzlich kleiner, wie nackt.
„Kommen Sie ein bisschen vor an den Rand. Noch ein Stück ... genau. Sie sind eine junge Bäuerin, die einfach da vorne kniet und mit sich selbst spricht. Nachdenklicher, mehr ein ... innerer Monolog. Es geht Ihnen nicht um Reichtum und Aufstieg. Vielleicht binden Sie auch die Haare weg, alles, was Diva ist, lassen Sie bleiben."
Stille.
„Haben Sie das verstanden?"
„Ja."
„Sie sind einfach eine junge Frau, die Angst hat, wahnsinnig zu werden." Er lächelt. „Und bitte."
Der Boden ist hart unter den Knien. Ein fremdes Gefühl in den Kleidern, die nicht Maggie sind, die nicht mal zur Probe je Maggie waren. Sie bindet einen Dutt, lässt die bloßen Hände auf die Knie sinken. Kein Rocksaum, keine Strähnen – nichts für die Finger. Die Jury ist viel zu nah. Sie senkt den Blick auf die Beine und zwingt sich, nicht die Jeans glattzustreichen. Fahr alles zurück, bleib ganz beim Kern, der Stimme, dem Text.

Sie versucht, die Film-Maggie aus ihrem Kopf zu vertreiben, die wunderschöne, die glamouröse, nach der jeder außer Brick den Kopf drehen würde.
Was bleibt dann noch?
„Du hast natürlich immer diese kühle Art gehabt. Als würdest du nur ein Spiel spielen, und es ist dir ganz egal, wer gewinnt oder verliert." Es klingt nackt und roh und viel zu wenig nach Bühne. Die Handflächen rutschen auf den Schenkeln herum. Sie weiß, was bleibt. Die Verzweiflung, das Scheitern: das Scheitern einer nicht schönen, nicht reichen, einer völlig gewöhnlichen Frau. Sie wollen dich ohne Maske sehen, sie wollen, dass du *du* bist ... „Du siehst so kühl aus, so beneidenswert kühl." Die Stimme wie neulich, nachts im Bett. Die erste im Hostel.
Das warst du.
Nicht daran denken.
Sie hebt den Blick in die Scheinwerfer. Grelles Weiß, das blind macht, das in den Augen sticht. Gut so. „Ja, da draußen spielen sie Krocket ... Ja, Big Daddy stirbt an Krebs ... Woran hast du gedacht, als du mich so angesehen hast?" Muss den Blick wieder senken. „Hast du an Skipper gedacht?" Lichtkreise vor ihren Augen. Sie spricht weiter, doch es dauert, bis sie wieder was sieht.
Handflächen, die nach oben zeigen.
Sich nach oben gedreht haben, ganz von allein.
Viel zu viel Licht auf den Unterarmen.
Beleuchtete Narben, die sie der Jury entgegengestreckt.
Wie lange schon?
Wie lange starrt ihr schon?
Rosa-weiße Linien.
Eine Bäuerin, die Angst hat, wahnsinnig zu werden.
Ist es das, was ihr wollt? Ist das euer Humor?
Eine Verrückte, die eine Verrückte spielt ...

Sieh doch. Sie lachen. Über die, die da vorne am Bühnenrand kniet. Die dünne Stimme. Die blasse Haut. Die Regelmäßigkeit, mit der die Schnitte gesetzt sind. Lachen wegen damals, der Schulhaustoilette, den klammen Fingern, dem Einrastgeräusch der Plastiktür, das Durchatmenwollen, Sichberuhigenmüssen, und wie doch alles aus den Händen rutscht, auf Fliesen kracht, zerbricht, zerspringt: der Füller, die Tinte, das Spitzergehäuse. Blätter, die unter die Trennwand rutschen, die Klinge, die frei auf dem Boden liegt: die Anspitzerklinge zwischen Buntstiftbröseln, der Puls, die Wut, blaue Kunststoffsplitter. Dünne Finger, die nach der Klinge greifen, Farben, Geräusche, die langsam verschwinden, seltsam, wie irgendwo weggesperrt sind – drinnen? Draußen? Lachen über den Clown dort vorne, einen Clown auf der Bühne, der macht, was sie sagen, der spricht und spricht und spricht. Es klingt leise und besiegt, sie hört es, weit weg: „Wie sieht der Sieg einer Katze auf dem heißen Blechdach aus?" Nicht viel mehr als ein Flüstern. Sie wagt es nicht, die Jury anzusehen. „Ich wollte, ich wüsste es. Dass sie es durchsteht, nehme ich an. Durchsteht, solange sie nur kann ..."
„Danke, unterbrechen wir hier!"
Michael Kastner. Schauspiel.
Sie rappelt sich hoch.
„Das war schon ganz gut, vor allem der Anfang, aber irgendwann hatte ich das Gefühl, Ihre Stimme macht schlapp."
Ihr Kopf ist leer.
„Sind Sie erkältet?" Die Rothaarige.
„Nein."
„Dann würde ich gerne ein Lied von Ihnen hören. Können Sie was singen?"
Nein.
Bitte nicht.
„Irgendwas, ganz egal. Es geht uns nur um Ihre Stimme."

Meine Stimme. Sie ist winzig, diese Stimme: „Mir fällt grad kein Lied– "
„Ein Kinderlied, es kann auch einfach ein Kinderlied sein, jeder kennt eins, irgendwas."
Ein Kinderlied. Alle meine Entchen, Hänschen klein, ist es das, was ihr wollt, was wollt ihr denn noch? Hattet ihr noch nicht genug Spaß, war ich noch nicht genug Pausenclown? Hab ich euch etwa nicht gut unterhalten, habt ihr noch nicht genügend gelacht? Da habt ihr ihn, euren Narbenbeweis, eine Gestörte hier oben, was wollt ihr noch? *Jeder kennt eins, irgendwas.* There are faces, there are smiles, so many teeth, too many arms and legs and eyes and flashing buttons all around me. Das Weißweiß der Decke, die Morgenvisiten, die Musik gegen alles hinter der Tür, I am watching, I am breathing, I am pushing, I am wishing that these walls would not be talking quite so loudly. Drei Wochen in den Ohren, drei Wochen auf Repeat, und noch immer im Kopf, zum Abruf bereit, Wochen, die sie zu einem Nichts machen sollten, *Die Diagnose dient vor allem Ihnen, Frau Rehm.* Was starrt ihr mich an!
„Frau Rehm, ist Ihnen nicht gut?"
„Doch, es ist nur, ich weiß nicht, es– "
„Sie müssen nicht, wenn Sie nicht wollen, dann ist das Vorsprechen hier beendet und …" Der Rest des Satzes dringt nicht zu ihr durch. Der Boden glänzt, beginnt Wellen zu werfen. Plötzlich riecht es nach kaltem Rauch. Sie bohrt Fingernägel in die Handinnenflächen, bleib hier, atme durch!
Schließ die Augen.
Atme aus.
Sie legt den Kopf in den Nacken, hält die Augen geschlossen. Alles im Raum scheint still. Sie weiß nicht, ob sie echt ist, die Stille – vielleicht ist es sie, die jetzt nur nichts mehr hört. Sie sieht sich dort stehen, auf dieser Bühne, unzugänglich und steif. Kann den Körper nicht rühren, keine Töne erzeugen. Kann

atmen. Und warten. Und endlich. Hören. Weit weg, wie durch Watte: ihre Stimme, die singt. Ihr Lied dort vorne, aus dem Mund der Figur.

Laudatio auf den 3. Preisträger:
Jos Schneider

Jos Schneiders Erzählung beginnt mit einem Rätsel: Der Titel lautet „Caligo". Nicht Caligula, nicht Caligari, sondern Caligo. Das Internet bietet an erster Stelle die „Freiformflächen-Messsoftware ZEISS Caligo" an, bei der „eine große Zahl von Messpunkten" verarbeitet werde. Das ist es sicherlich nicht. Dann gibt es den Bananenfalter, über den Wikipedia mitteilt: „Als Bananenfalter werden die Schmetterlinge der Gattung Caligo aus der Familie der Edelfalter (Nymphalidae) bezeichnet." Auch gut zu wissen, und wohl ebenso wenig hilfreich für den Moment. Aber da ist noch ein weiterer Eintrag, das Online-Wörterbuch von PONS Deutsch-Latein. Zur Vokabel „Caligo" gibt es drei Übersetzungsangebote: „1. Nebel, Dunst, Rauch; 2. Dunkel, Finsternis; 3. Schwindelgefühl". Das könnte weiterhelfen.

Es geht in dieser Geschichte um Kinder an einer Bahnstrecke, die einen Schneemann bauen. Harmlose Sache, möchte man meinen, kennen wir alle aus unserer Jugend, toll, dass da Kinder noch real einen Schneemann bauen. So könnte man assoziieren, aber der Erzähler führt uns gar nicht auf dieses Gleis. Beim Lesen braucht man eine Weile, bis man überhaupt merkt, es geht hier um einen Schneemann. In den ersten Zeilen ist von Großen und Kleinen die Rede, von Streifen und Farben, sowie von einem Kopf. Der erste Abschnitt endet mit dem kursiv hervorgehobenen Satz „Und Fahnen malt das Abendlicht ins Weiß." Es ist offenbar Abend, der Sonnenuntergang ist farbenprächtig.

Der Kleinste der Schneemannbauer wird dann als „Perdix und Phaeton zugleich" bezeichnet. Phaeton, das ist nicht nur ein

Luxusauto von VW, sondern in der griechischen Mythologie in erster Linie der übermütige Sohn des Sonnengottes, der bei dem Versuch, den Sonnenwagen zu lenken, ihn zum Abstürzen bringt und so eine Umweltkatastrophe auslöst. Perdix wiederum ist der erfindungsreiche Neffe des Daedalus, der von dem eifersüchtigen Onkel von der Burg der Minerva zu Tode gestürzt, aber von Athene aufgefangen und in ein Rebhuhn verwandelt wird – Perdix heißt Rebhuhn. So können oder müssen wir, wenn wir die Anspielungen verstehen, schon nach einem Drittel der Geschichte mutmaßen: Es wird übel ausgehen. Wir ahnen auch schon wie, denn der Schneemann wird direkt ins Bahngleis gebaut, weil der Größte der Buben großspurig erklärt, dass hier kaum je ein Zug geht, und samstags schon gar nicht.

Schnitt. Der Text ist gebaut wie ein Film. Übergangslos werden die Szenen aneinander gesetzt. Wir lernen den Lokführer sowie mehrere Passagiere kennen, darunter einen „Schwindelforscher". Das verknüpft den Text noch einmal mit dem Titel, Caligo heißt ja auch Schwindelgefühl. Und auch der andere Schwindel kommt vor, das Schwindeln beim Kartenspiel.

Ein sehr dichter Text, dicht wie das Schneegestöber, in dem der Zugführer nicht recht erkennen kann, auf was da sein Zug aufprallt. War da, außer dem Schneemann, auch ein Rebhuhn? Man sieht beim Lesen die sich abspulenden Bilder intensiv vor sich. Die grafische Schönheit führt dazu, dass wir den Schock umso härter empfinden. Was Sie beim Hören nicht sehen können: Die einzelnen Szenen werden im Druck durch Sternchen getrennt, der Autor bezeichnet sie als Schneeflocken.

Jos Schneider hat, wie er mitteilt, ausführlich Vergleichende und Neuere deutsche Literaturwissenschaft an der Universität Augsburg studiert, er arbeitet als Redakteur und Lektor an einem kulturwissenschaftlichen Institut in München. Sich selbst sieht er eher als Lyriker, er schätzt den, wie er sagt,

„Spiel- und Probieraspekt" von Literatur und Sprache. 2015 erhielt er bereits den Kunstförderpreis der Stadt Augsburg in der Sparte Literatur. Wir freuen uns sehr über die auffällige Zahl junger Autorinnen und Autoren mit einem Bezug zur Universität Augsburg, die diesmal unseren strengen Jurymaßstäben entsprochen haben – entsteht hier in aller Stille eine Dichterschmiede? Wir gratulieren ganz besonders herzlich Jos Schneider für seinen Text „Caligo".

Michael Friedrichs

Caligo

Jos Schneider

Der Kleinste drehte den Kopf. Der Streifen, aus dem Papier gerissen, ist grob. Die Risskante folgt unsichtbaren Fasern.
Der Kleinste riss, schob und rollte einen Streifen Schnee aus der Landschaft. Die große Form folgt ungefähr der kleinen. Der Schnee fiel in den Frühling. Grün sticht Weiß, und Weiß sticht Grün. Der alte Streit um Form und Farbe.
Der Kleinste kugelte den Kopf. Erschreckte Knospen. Der Kopf wuchs, der Plan wuchs.
Es dämmerte.
Der Größte pfiff, mach hin, wie lang brauchst du noch! Der Größte wiederholte sich nicht gern.
Der Kleinste hob den Kopf aus der Fläche. Ich komme. Der Kopf hätte den ganzen Weltteppich aufspulen können. Der Kopf wurde an die Gleise gebracht. Den Bahndamm hoch.
Die beiden anderen und der Größte klopften den Körper: ein schnelles, kaltes Monument.
Der Größte übernahm den Kopf-Pokal. *Und Fahnen malt das Abendlicht ins Weiß.*

*

Der Kleinste hatte den Schneemann bauen wollen, aber es war der Größte, der wusste, dass Bauen nur die Rampe zum Effekt ist: wie im Comic. Die Maus baut ein Haus und narrt die Katze mit Applaus.
Du Hirni, da fährt heut kein Zug, hatte der Größte zum Kleinsten gesagt, der sich gewundert, warum der Schneemann auf den Gleisen gebaut werden sollte. Meinst du, wir sind hier Berlin oder Peking, du Kröte. Wir sind Pampa, verstehst du: Pampa. Außerdem ist Samstag, da pennt die Bahn.

Die Jungen waren in einem Alter, in dem Nüsse und Karotte lustiger verwendet werden konnten als zur Gesichtsgestaltung. Zwar hatten sie weder Karotte noch Knöpfe und Nüsse, aber den Stock und die Steine aus dem Gleisbett platzierten sie dort in der Körpermitte, wo der Aha- und Haha-Effekt eben am größten ist.
Der Größte und die beiden anderen johlten und raillierten schon den Bahndamm hinunter, rissen schlafende Himbeerbüsche mit sich, während der Kleinste, als Perdix und Phaethon zugleich, noch am gesichtslosen Gebilde verharrte und auf einmal, durch den Handschuh an der Fingerkuppe kauend, nicht wusste: Bist du ein Schneeturm? Bist du ein Mensch? Bin ich du?

*

Ce dracu, entfuhr es Johannes Patrut, dem Lokführer, der früher Ion Pătruț geheißen und der sein Rumänisch eigentlich schon seit Jahren eingestellt hatte, zuletzt das Fluchen. Das schmutzige ă hatte er zu einem klangklaren a gewaschen. Aus dem zischenden ț hatte er ein stoppendes t gemacht und war beim Einwohnermeldeamt stolz auf Einfall und Symbolik. Schon als Kind war der Verdacht, später dann die Überzeugung entstanden, dass er in eine schäbige Sprache hineingeboren worden war, die niemand braucht und die nur Nachteile bereithält. Eine Sprach-Kassette, für die man sich schämen muss und die ein Teufelchen zuerst seinen Eltern und dann ihm selbst aufgespielt hatte. Aber der Synapsenschuss, der ihn fluchen ließ, beschleunigte seine Reaktion dermaßen, dass er die Notbremsung schneller als in jedem vorhergegangenen Training und Reaktionstest einleitete.

*

Der Zug war ein Profi. Nichts ächzte, kämpfte oder kreischte. Routiniert zischte er das Tempo hinunter. Relais schalteten, eine Leuchtdiode ging an, ein Pfeifton erklang. Die Meldung an die Zentrale. Der Schienenpfeil bremste sich gehorsam und einsichtig in Kraft und Ziel.

*

Während der Ingenieur Karsten Hieber gerade dem Gedanken, *alles eine Sache der Parameter*, nachhing, sinnierte die Sachbearbeiterin Clarissa Lindner mit Hilfe von Bobrowskis *wo Liebe nicht ist, sprich das Wort nicht aus* und den berühmten Zeilen ihrer Lieblings-Dichterin, *ich steh auf hohem Balkone am Turm*, über ihr Eheleben. Und der Schwindelforscher Clemens Brandt dachte gerade an den Gelben Kaiser, der, immer wenn er sich im alten China einen Überblick über sein Reich, seine Untertanen und seine Feinde verschaffen wollte, einen der Wachtürme bestieg. Aber – je höher er kam, desto schwieriger wurde es, seine Wahrnehmung von oben, unten, rechts und links zu ordnen und zu konzertieren. Das Bild begann zu verwackeln, er sah merkwürdig multipliziert. Turm und Landschaft kreiselten beängstigend. So erfasste er seinen Weltgarten zwar vage, konnte sich aber keine rechte und innere Vorstellung von ihm machen. Verwirrende Winde im Nacken. Die letzten Stockwerke konnte er nur erreichen, wenn er auf allen vieren hochtastete. Alles wurde erst besser, sobald er sich hinknickte. Und so war jede Turmbesteigung zugleich Sucht und Sieg und Enttäuschung und Ende.
Schwindel ist abhängig von der Körperhaltung. Brandt wusste, dass das vestibuläre System, das Gleichgewichtssystem, eines der ältesten Sinnessysteme überhaupt ist. Bei Fischen, bei Würmern schon. Er wusste, dass es bei Menschen drei Bogengänge gibt, die Drehbewegungen wahrnehmen. In drei Raumebenen: eine horizontale und zwei vertikale, und zwar paarig in beiden Ohren. Die verschiedenen Bogengänge arbeiten zusammen, der linke vordere mit dem rechten hinteren und umgekehrt, und so gehen immer von beiden Ohren Informationen über die Drehbeschleunigung des Kopfes aus. Die Bogengänge

bestehen jeweils aus dem eigentlichen Bogen und aus einer Erweiterung, der Ampulle. In ihr liegen die Haarzellen der Bogengänge, die Sinneszellen des Gleichgewichtsorgans. Deren Spitzen ragen in einen Gallertkegel, die Cupula, die den Flüssigkeitsring unterbricht. Bei einer Drehbeschleunigung des Kopfes stützt sich die Endolymphe an der Cupula ab, die etwas nachgibt und so die in ihr liegenden Sinneshaarzellen reizt. Deren elektrisches Signal gelangt über den Bogengangnerv zum Gehirn.

Brandt wusste, dass die Sinneshaarzellen gerade ein starkes und paariges Signal aussandten. Er wusste, dass das auch bei der Frau, die zum Fenster hinaussah, und dem Mann mit dem Laptop, die ihm im Bahnabteil gegenübersaßen, geschah.

Die Muskeln der Fahrgäste begannen, sich wie im Orchester zu spannen und Kraft aufzubauen. Gleichgerichtet. Als ob die Muskelpassagiere selbst den Pfeil und das fahrende Bild bremsten. Gerade aus Nacken und Beinen heraus.

*

Ausgangspunkt, Fahrweg, Bremsweg, Haltepunkt, Standpunkt.
Fichten schießen aus den Augen.

*

Vielleicht ist es schlicht eine Sache der Konstellation und des Wunsches, überlegte die Sachbearbeiterin Lindner, während Hieber und Brandt gerade der scharfen Sinneswahrnehmung gegenüber der Gedankenverlorenheit den Vorrang gaben.

*

Vibrationen.

*

Vielleicht waren Wunsch und Plan und Kraft des Größten am stärksten.

*

Rot sticht Weiß. Um 17 Uhr 39 zerpulverte der Kopf des roten Regionalzugs den Schneemann und zwang die Form zurück ins Formlose. Weiß sticht Grün.

*

Spannungsausgleich. Abteil-Plastik knackte unrhythmisch. Dem Ingenieur fiel ein Kartenspiel aus Kindertagen ein: Durak. Der Dummkopf war der, der als letzter Karten auf der Hand hatte. Er war ein kleiner Meister darin gewesen, zwei oder drei Karten als eine einzige auszugeben. Schwindel nannten sie es auch.

Brandt blickte nach draußen. Eine Plastiktüte wirbelte durchs nahe Weiß. Nein, es war ein Rebhuhn, das jetzt zwei Mal aufflatterte. Vielleicht. Denn dem späten Licht war nicht zu trauen, und die Scheibe spiegelte schon stark.

Es dauerte lange, bis die Durchsage kam. Und auf der zittrigen Kassette war zu hören: Meine Damen und Herren, aufgrund eines Personenschadens verzögert sich unsere Weiterfahrt auf unbestimmte Zeit. Wir bitten um Ihr Verständnis.

*

Der Wind drehte wie zum Trotz Flocken in die hauslose Landschaft. Millionenfach.

Laudatio auf die Preisträgerin des Nachwuchspreises: Marie Saverino

Leipzig oder Hildesheim – bei vielen Nachwuchsautoren klingelt es, wenn sie diese Namen hören. In diesen Städten kann man literarisches und kreatives Schreiben studieren – allerdings nur, wenn man einen der wenigen und begehrten Plätze ergattert.

Marie Saverino, die heuer den Schwäbischen Literaturpreis in der Kategorie ‚Nachwuchsförderung' erhält, ist dies ziemlich bald nach ihrem Abitur gelungen. In diesem Jahr hat sie das Hildesheimer Bachelor-Studium ‚Kulturjournalismus und kreatives Schreiben' bereits abgeschlossen, mit noch nicht einmal 23 Jahren. Und, wie es der Name dieses Studiengangs schon verrät, sie ist auf beiden Seiten des Literaturbetriebs aktiv, sie hat bereits einige Geschichten in literarischen Zeitschriften der Uni Hildesheim herausgebracht und sie schreibt Artikel, Rezensionen und Interviews für Journale wie die Hamburger *kulturnews*.

Die Geschichte, für die Frau Saverino heute einen Preis erhält, heißt „Dort am Meer": Eine Ich-Erzählerin berichtet von ihren sizilianischen Ursprüngen, von den Großeltern und vor allem von einem Vater, der fast noch ein Kind war, als er nach Deutschland ging, um dort zu arbeiten. Das kommt Ihnen klischeehaft vor? In dieser dürren Zusammenfassung vielleicht – aber Sie werden gleich hören, wie kunstvoll und vielschichtig Marie Saverino ihre Geschichte anlegt.

Es ist eine Vater-Tochter-Geschichte mit einem sizilianisch-polyglotten, wunderbar sympathischen Pippi-Langstrumpf-Papa. Dessen anarchistischem Naturell, dessen chaotischer Freundlichkeit und Fröhlichkeit entspricht eine Erzählweise, welche die Jury überzeugt hat: Marie Saverino arbeitet absatzweise mit szenischen Dialogen, Erinnerungsberichten und

Reflexionen; ihre Erzählerin assoziiert sich – auch mit geschickt eingestreuten Anspielungen und Zitaten – von einem Gedanken zum anderen, ohne dass man beim Lesen aus der Kurve fliegen würde. Im Rahmen einer gemeinsamen Sizilien-Reise verflechten sich so die Perspektiven der beiden Hauptfiguren auf zwanglose Weise.

Und was uns noch sehr gut gefallen hat: Dieser Text kommt ganz ohne so genannte ‚Gastarbeiter'-Klischees aus, seine Vaterfigur ist ein aus vielen Traditionen bekannter Schelm und Picaro, ein selbstbewusster Filou, ein begnadeter Geschichtenerfinder und in alledem auch noch ein unsentimental liebevoller Vater.

Seien wir ehrlich: Ein Traum von einem Papa, wie wir ihn so wahrscheinlich doch nur in der Literatur finden würden? Nein, antwortet hierauf unsere Preisträgerin: Sie hat mit ihrer Erzählung tatsächlich ihren eigenen Vater porträtiert. Den würde ich auch gerne einmal kennen lernen …

Marie Saverino schreibt nicht nur, sie ist auch Musikerin und Tänzerin. Mich hat ihre Geschichte zuweilen an einen Tanz erinnert, wie er in der Erzählung selber einmal vorkommt, ein wilder Tanz mit schnellen Drehungen und einigen Sprüngen, ein Tanz, der dabei aber doch nie aus dem Rhythmus fällt. Man schaut dieser poetischen Tarantella ein bisschen atemlos zu: Schon die nächste Pointe, schon der nächste witzige Einfall. Dieses Verfahren verrät Humor, ein dritter Punkt, den die Jury hervorgehoben hat.

Sie hören den Text ja gleich selbst, also lasse ich das Witze-Erklären jetzt wieder sein, nichts schlimmer als das. Und ich widerstehe darüber hinaus der Versuchung, diese Erzählung auch als einen pfiffigen Text *übers* Erzählen und Verstehen zu deuten. Anhaltspunkte dafür gäbe es einige.

Schreibakademien und Studiengänge in kreativem Schreiben, wie es sie in den USA ja schon seit langem an sehr vielen Unis gibt, sind unter Autoren, Lektoren und Literaturkritikern nicht unumstritten. Es bestehe die Gefahr, dass die Eigentümlichkeit genialer Einzelgänger dort allzu früh beschnitten werde. Ergebnis: Kein überraschender poetischer Wildwuchs mehr, sondern vor allem wohlfeile literarische Konfektionsware.

Bei Marie Saverino kann ich davon überhaupt nichts erkennen, das Schreibstudium in Hildesheim hat ihr wirklich nicht geschadet, im Gegenteil: Ihre Geschichte erzählt so überraschend von einem alles andere als neuen Thema, dass mir kein auch nur irgend vergleichbarer Text dazu einfallen würde.

Wir gratulieren Ihnen, liebe Frau Saverino, zum diesjährigen Nachwuchspreis – und wir gratulieren dem Literaturkurs beim Schwäbischen Kunstsommer 2017 zu einer Teilnehmerin von Ihrem Format!

Friedmann Harzer

Dort am Meer

Marie Saverino

„Was siehst du, wenn du die Augen schließt?"
„Das Meer."
„Und wenn du sie wieder aufmachst?"
„Eigentlich will ich das gar nicht."

Ich weiß nicht alles, deshalb muss ich viel erfinden. Wenn mein Vater erzählt, sind es fantastische Geschichten. Er erzählt von Feen und sprechenden Fischen und Welten, die es nicht gibt. Und angefangen hat alles so: Nonno verliebte sich in Nonna, doch ihr Vater ließ sie nicht gehen. Deswegen kam Nonno des Nachts, stahl sie aus dem Fenster und zusammen flohen sie nach Alcamo. Wie, das weiß keiner.
Mit dem Fahrrad, hoffe ich. Er stieg auf und sie schwang sich vor ihn auf die Stange, seine Arme waren ganz dicht an ihren und sie fuhren durch eine warme, sizilianische Sommernacht und irgendwann hielt er an der Küste, sie stiegen ab, fassten sich an den Händen, die Schuhe im Sand vergraben, den Blick aufs Meer gerichtet, und da wandte er sich zu ihr um und küsste sie.
La bella Maria, sie war seine große Liebe. Das ist die Wahrheit.

Mein Vater steppt, wenn wir an der Kasse stehen. Er knurrt wie ein Hund, flüstert mir Beleidigungen über die anderen Kunden zu und dann steppt er, oder er versucht zu steppen, denn eigentlich kann er es gar nicht.
Ich habe lange gebraucht, um das zu verstehen.
„Wenn wir unten sind, essen wir einmal dort bei den Treppen", sagt er, „Weißt du? Wo wir schon mal waren."
„Ja, das war schön."

Wenn Papa von Sizilien spricht, wird seine Stimme anders, gedämpft. Er bekommt einen stärkeren Akzent und flüstert, als wolle er mir ein Geheimnis verraten.
„Und am Morgen essen wir ein Cornetto mit Ricotta am Hafen, ja? Wir können auch einmal nach Palermo fahren, in den botanischen Garten, erinnerst du dich?"
„Ja, an die Elefantenbäume."
Wir machen diese Pläne das ganze Jahr über und fliegen dann für etwa eine Woche nach unten, die immer wie ein Stück Paradies wird, ganz ausgehebelt aus der Realität, weil Sizilien im Grunde nicht zur Realität gehört. Die Luft ist dichter, die Sonne sanfter und die Menschen sagen Dinge wie: „Ist schon okay." „Das regeln wir irgendwie." oder „Ist doch nicht so wichtig."
Und wenn wir aus dem Flugzeug steigen, fahren wir an den Strand, sehen erst hinter uns zu den schützenden Bergen hinauf und dann nach vorne, weit aufs Meer.

„Ich war unglücklich", sagt er, „Eigentlich wollte ich nicht weg."
Nonna und Nonno müssen irgendetwas gesagt haben, wie: „Wir gehen fort. Übers Meer in ein anderes Land." Ich weiß nicht wie, mit einem Schiff, vielleicht. Vielleicht saß auch die ganze Familie in einem winzigen Auto und Nonno steuerte die geschwungenen Straßen des Stiefels hinauf, ins Ungewisse, wie damals, als er durch den Sommer Siziliens fuhr. Die Kinder saßen hinten, mit großen Augen, ohne zu verstehen, was geschah. Papa war vierzehn und fing in einer Schokoladenfabrik an, in der er am Fließband einschlief. Er ging nicht mehr zur Schule, sondern las Lustige Taschenbücher, um Deutsch zu lernen, und als seine Eltern beschlossen, die kalten Winter und die seltsamen Leute mit den misstrauischen Gesichtern hinter sich zu lassen, da ging Papa nicht mit, sondern blieb.

„Papa, wer ist das da auf dem Plakat?"

„Na mein Onkel. Er ist ein Filmstar."
„Wirklich?"
„Natürlich, mein Onkel ist damals nach Hollywood geflogen, in seinem Hubschrauber. Und als er ausgestiegen ist, haben sich alle, die ihn sahen, sofort in ihn verliebt. Deshalb hat Francis Ford Coppola ihm gesagt, er soll Schauspieler werden."
„Wer ist Francis Ford Coppola?"
„Ach, nur so ein Freund von meinem Onkel."
Papas Onkel hat auch den Eiffelturm gebaut, er ist Olympiasieger im Paareistanz, weil er seine Partnerin so hoch warf, dass sie ein Jahr im Weltall verbrachte. Er ist Weltrekordhalter im Skispringen, weil er so weit flog, dass er über Monate nicht wieder auftauchte. Beim Speerwurf traf er immer nur das Publikum, oder den Schiedsrichter. Das gab mehr Punkte und er gewann. Papas Onkel ist der beste Koch der Welt, weil die Fische bei ihm freiwillig in die Pfanne hüpfen. Er war König von Amerika, Tunesien und der Türkei.
Und wenn ich frage: „Papa, wer hat das Auto erfunden?", weiß ich im Grunde schon die Antwort. Er schaut lässig nach vorne, zuckt mit den Schultern und sagt: „Mein Onkel. Zuerst das Rad, dann den Motor und dann hat er in seiner Garage den ersten Ferrari der Welt gebaut."

Das Deutsch aus den Lustigen Taschenbüchern genügte. Papa hatte viele Freunde. Sein Bruder kam oft zu ihm und zusammen verschreckten sie die Zeuginnen Jehovas, indem sie ihnen nur in Unterwäsche die Tür öffneten und den ängstlich dreinblickenden Damen in den langen Röcken schöne Augen machten.
Papa züchtete unfreiwillig Maden in einem Steak, das er auf dem Kühlschrank vergaß, und brachte sich das Kochen bei, als er begriff, dass Nonnas Essen über 2000 Kilometer weit fort war. Er kaufte warme Pullis und lernte das Ski-Fahren. Aber

eines änderte sich nie, einmal im Jahr wenigstens. Und dann aufs Meer schauen, ins Innere der Insel fahren, ganz tief hinein, bis kein Zweifel mehr daran bestand, dass er zu Hause war.

Meine Eltern lernten sich in einer Bar kennen, in der Papa Mama bat, sein Bierglas auf den Tresen zurück zu stellen. Danach wurde es sicher sehr romantisch. Sie tanzten die ganze Nacht und Mamas langes Haar schwang so wild durch den Raum, dass die Leute auswichen, ihnen Platz machten und gebannt dabei zusahen, wie sich ihre Augen während der immer schneller werdenden Drehungen trafen, trennten, trafen und dann lange ineinander verhakt blieben.
Er bot an, sie nach Hause zu fahren, und hielt ihr die Tür zum Ferrari seines Onkels auf. Mama ließ sich in den weichen Ledersitz fallen und lächelte Papa durch den Rückspiegel zu. Papa senkte seinen Fuß aufs Gas, der Motor heulte wie ein Werwolf bei Vollmond und sie fuhren in den Sonnenuntergang. Danach waren sie verliebt.

Papa erzählte nicht von George Clooney oder Carl Benz und seinem Mercedes. Er erzählte von der Fee Biribee, die in einem Gastank wohnte. Dieser Gastank stand am Rand der Straße, die zum Krankenhaus führte, in dem meine Mutter lag, als mein Bruder zur Welt kam. Ich durfte selbst bestimmen, was ich anzog, saß dann in meinen schönsten Kleidern auf dem Beifahrersitz, zeigte auf den Gastank und rief: „Papa, was ist das?"
„Ein Gastank", sagte er und weil er keine Lust hatte, mir zu erklären, was genau ein Gastank war, sagte er noch: „Da wohnt die Fee Biribee."
„Eine Fee?" Papa nickte mit einem Grinsen.
„Sie hat mal in einem Schloss gelebt, aber dann hat sie ihren Zauberstab verloren. Deshalb muss sie jetzt im Gastank wohnen."

„Warum hat sie ihren Zauberstab verloren, Papa?"
„Naja ...", Papa überlegte und bog zum Krankenhaus ab, der Gastank verschwand, „Das war so: Die Fee Biribee hatte ein ganz tolles Leben in ihrem Schloss. Alles war aus Gold und wenn ihr etwas fehlte, zauberte sie es mit ihrem Zauberstab zu sich. Aber eines Tages, als sie gerade auf ihrem Spazierflug war, wurde sie einfach aus der Luft gepackt. Und weißt du, wer das war?"
Ich schüttelte den Kopf, wartete gespannt.
„Na der Gassersepp!" Der Gassersepp, das war eigentlich eine ganz andere Geschichte. Er war der einzige Penner unseres Dorfes, ein lieber Mann, der immer vor dem kleinen Lebensmittelladen saß und Bier trank. Dann gab es noch seine Freundin, die ihm Bier in einem Karren nach Hause zog, und Karl, seinen besten Freund, mit dem er Flöhe züchtete, um ihnen Kunststücke beizubringen.
„Und was hat Gassersepp mit ihr gemacht?", rief ich aufgeregt.
„Na, er hat sie auf ein Bier eingeladen", sagte Papa und lenkte das Auto auf einen Parkplatz, „Und sie ist so betrunken geworden, dass sie ihren Zauberstab verloren hat."

Heute übersetzt mir Papa im Auto Songtexte. Italienische und englische. Italienisch, das kann er sehr gut, Englisch, das hat er nie richtig gelernt. Und trotzdem, wenn er das Gefühl hat, es zu verstehen, das Gefühl, dass dort etwas Wichtiges gesagt wird, übersetzt er es für mich.
Ich liebe die italienischen Lieder. Sie handeln von zerberstenden Herzen, Wortgebilden aus schmerzlich schönen Ausdrücken, Verlust, Trauer. Von diesem einen Menschen. Über die Jahre lernte ich von meinem Vater Musik: Led Zeppelin, Queen, die Rolling Stones, Rossini, Lucio Battisti, Zucchero, den Buena Vista Social Club. Wir fuhren durch den Schwarzwald und im Auto brüllten sich gebeutelte Sänger die Seele aus

dem Leib. Wir brüllten mit. Oder schwiegen. Und manchmal schwieg ich ganz besonders, weil ich darauf wartete, dass er zu übersetzen anfing. Dank der Lustigen Taschenbücher sprach Papa mittlerweile perfektes Deutsch. Das simultane Übersetzen von Songtexten bereitete ihm nie Schwierigkeiten, selbst wenn sich Battisti in Wortgeflechte schraubte, die bis an den Himmel reichten.

Ich bin zu Hause und denke an dich.
Ich schließe die Augen und denke an dich.
Ich schlafe nicht und denke an dich.
„Das ist Poesie", sagte Papa zu mir und ich nickte, weil man es nicht abstreiten konnte.

Auf Sizilien ist sie überall. Die Art, wie ein Gericht zubereitet ist: „Poesie!" Wie die Fischer ihre Boote an die Docks knoten, die Händler ihre Ware ausschreien, die Handbewegungen zu jedem Wort. Die zerklüfteten Berge, die Wälder, am Horizont das Meer und der blaue Himmel.
„Er mischt Busiate, Pesce Spada und Minze", erklärt Papa mir beim Essen in einem Restaurant, „Genial, es ist genial", oder beim Gemüsehändler, „Er sagt, wenn ich seine Tomaten kaufe, bekomme ich diese Kräuter dazu. Weil sie zusammen gehören", oder beim Stand mit den Feigen, „Er schenkt sie dir. Weil du die Tochter eines Sizilianers bist."

Nonno sagte immer: „Du kannst nicht rund geboren werden und dann eckig sterben." Und Papa wiederholt das oft und dann: Er sei wie sein Vater, ich sei wie er: Stur, leidenschaftlich, launisch, musikalisch, voller Fernweh und Heimatliebe und vom Scheitel bis zu den Spitzen unserer seltsam schmalen Zehen mit Sizilien verbunden. Eckig von Anbeginn, denke ich manchmal.

Nonna dagegen war der liebevollste Mensch der Welt. Und als ihr Sohn in der Fremde blieb, blutete ihr das Herz. Also schrieb sie Briefe, Tag für Tag, so wunderschöne, warme Briefe, dass Papa manchmal das Gefühl hatte, ihr Essen im Nebenzimmer, das es in seiner kleinen Wohnung gar nicht gab, riechen zu können.

„Eigentlich bin ich noch ein Kind", sagte Papa.
Du bist erwachsen, seit du vierzehn bist, dachte ich, ein alter Mann, seit deinem achtzehnten Lebensjahr.
Draußen war es zu kalt für Schnee, deshalb hatte er heute schlechte Laune. Zu frieren und nicht mal Ski fahren zu können, das hasst er vielleicht am meisten, im Winter.
„Scheiß Wetter", murmelte er und ging in die Küche. Kochen, das geht zu jeder Zeit, Sommer, Winter, Tag und Nacht.
„Warum bist du noch ein Kind?", wollte ich wissen.
Er zuckte mit den Schultern: „Wahrscheinlich, weil erwachsen sein keinen Spaß macht."

Das Leben ist eine Hündin. So sagt man auf Sizilien. Eine treulose Hündin, oder vielmehr: Eine Hure. Es ist eine Hündin, wenn wir auf dem Flugplatz stehen und noch einen letzten Blick zurück werfen, bevor wir uns in das heruntergekommene Ryanair-Flugzeug quetschen. Es ist eine Hündin, wenn das Flugzeug dem Festland entgegen fliegt und das Meer verschwindet. Und es war eine Hündin, als Papa mit achtzehn zurückblieb.
„Ich habe bei meinem Onkel gewohnt", sagt er, „In einer Villa am Stadtrand, mit einem großen Garten und einem noch größeren See. Da dachte man wirklich, man sei am Meer."
„Ich mag keine Seen", murmle ich. Papa seufzt: „Ich auch nicht."

Von dieser Zeit erzählt er nicht oft. Ich glaube, er hat viel gearbeitet. In einer großen Firma, in der Stethoskope hergestellt wurden. Viel später schenkte er mir eins und drei Wochen lang war ich eine Ärztin, die jedes Herz abhörte, das in ihre Nähe kam. Papa bastelte an Stethoskopen und weil er nicht in die Clubs gehen konnte, die wollten damals nämlich keine Italiener, fuhr er an den Wochenenden mit seinem Onkel im Ferrari zu wahnwitzigen Abenteuern.

„Wach auf Papa, wir landen." Er lächelt, bevor er die Augen öffnet.
„Das Meer", sagt er, greift nach meinem Arm, „Siehst du, wie schön es hier ist?" Wir trinken gleich am Flughafen den ersten Espresso, bevor wir in den Mietwagen steigen. Natürlich ein Fiat. Papa kurvt an der Küste entlang. An Alcamo vorbei, links von uns die Berge, rechts der Strand, dann das Meer und ganz weit hinten der Horizont. Wir atmen die dicke, weiche Luft, im Radio läuft Led Zeppelin, weil es hier einen Radiosender gibt, der ständig Led Zeppelin spielt.
„Bring it on home", brüllen wir, während ich auf meiner unsichtbaren E-Gitarre jamme und Papa im Beat auf das Lenkrad trommelt, „Bring it on home."

Das Erbauen von Städten

Linda Achberger

Schon seit dem Frühstück war er stumm auf dem Balkon gesessen, ich sah nur seinen Rücken, seine Hand beim Umblättern der Zeitung, und dann diese leichte Drehung des Kopfes nach hinten. *Lass uns da hingehen*, sagte er, mehr war es eine Aufforderung als eine Frage. Dabei hob er ein kleines Blatt hoch, das mit der Zeitung gekommen sein musste. *Wohin?*, fragte ich. *Na Flohmarkt*, sagte Luzian. *Was sollen wir denn da?*, fragte ich, *gebrauchte Sachen, als wär' das dein Ding*. Luzian sah mich an und stand auf. Dabei machte der Stuhl auf den Steinplatten des Balkons ein unangenehmes Geräusch.

Im Flur zog er seine Schuhe an, er stieg hinein, Zeigefinger zwischen Ferse und Schuh, Sohle, Stoff. Am Bund seiner weißen Socke war ein schwarzer Strich, der sich vom Fuß hoch in einer Spirale um sein Bein zog. An der Innenseite seines Oberschenkels brach er ab, er zog sich nicht weiter. Als wir einmal nackt nebeneinander lagen, hatte ich mit einem Kugelschreiber auf sein rechtes Bein gemalt, den Deckel des Kugelschreibers zwischen meinen Lippen. Die Tinte war dunkel, ich fuhr die Linie öfters nach, von oben nach unten, unten nach oben. Als wir danach miteinander schliefen und mein Blick haltlos wurde, kam mir die dunkle Linie vor wie ein Schwarm Bienen. Sie hatte sich in meinen Augen bewegt, sie vibrierte auf seinen Waden, seinen Schenkeln, meinen Händen, zog sich enger. *Die sind aus Frottee*, meinte er, als ich auf seine Socken sah, die er angelassen hatte. *Spürt man*, antwortete ich. Am nächsten Morgen sah ich unter der Dusche Abdrücke auf meinen Beinen, es war ein schwaches Schwarz, fast Anthrazit, ich dachte an Ameisen, die hintereinander herliefen. Danach hatte ich die Linie um sein Bein nicht mehr gesehen, es kam mir aber vor, als würden die Abdrücke auf meinem noch länger bleiben.

Der Flohmarkt war in einer alten Fabrikhalle, die Decken niedrig, die Luft stickig, und als wir dort angekommen waren, hatte Luzian mit der Hand kein Zeichen gegeben, dass wir abbiegen. Die ganze Fahrt lang hatte ich das Geräusch seines Fahrrades gehört, das Geräusch der zwei losen Speichen des Hinterrades, die aneinanderschlugen, immer wieder. *Wir könnten ja auch mal was spielen*, sagte Luzian, als wir an einem der hintersten Stände ankamen, an dem Brettspiele am Boden lagen. *Spielen?*, meinte ich, *tun wir doch nie*. *Eben*, meinte er, sah mich dabei an, dann auf ein Spiel vor ihm. Auf dem Karton waren zwei Personen abgebildet, sie saßen sich gegenüber, ihre Blicke auf das Spielbrett gerichtet. Von den hölzernen Spielsteinen war die Farbe teilweise abgeblättert, der Karton an den Ecken eingerissen: Mundwinkel trocken Rotstelle.

Den gesamten Nachmittag verbrachte er damit, die Steine in weißer und schwarzer Farbe zu bemalen. Draußen war es heiß, einer der ersten heißen Tage, obwohl es erst Mai war, und Luzian saß nur in Boxershorts in der Küche. Sie waren kariert, Schattierungen von Grau, die abgrenzenden Linien dünn und auf dem Tisch standen zwei kleine gläserne Schalen, in der einen weiße, in der anderen schwarze Farbe. Er tunkte den Pinsel ein, die Bewegung seines rechten Armes erinnern, dieses Auf und Ab. Die Ecken des Kartons klebte er mit Tesafilm zusammen, er klammerte sich an das Spiel, als würde es etwas ändern. *Lu*, sagte ich, er drehte sich zu mir und sah mich an. Er tunkte den dünnen Pinsel, der an der Spitze ausgefranst war, in die schwarze Schale und zog damit auf seinem Gesicht ein Viereck. *Du bist für mich ein Schachspiel*, sagte er, *ich kenne deine Züge nicht*. *Hör auf mit deinen pathetischen Sprüchen*, sagte ich, *außerdem ist das Mühle*. Das Viereck auf seinem Gesicht war an den Ecken verzogen, die Linien schief, sein Auge

ein Blau wie verwässerte Aquarellfarbe. Draußen blühte der Holunder weiß, durch das Fenster konnte ich die Arme des Busches sehen, die in alle Richtungen deuteten, als ob sie etwas zeigen wollten. Luzian saß auf dem Küchenstuhl, nur seine Ballen berührten den Boden, die Fußsohlen waren staubig und grau. Neben den Farbschalen stand eine Tasse Schwarztee, der nach Kardamom roch, und den er in kleinen Schlucken trank. Mit beiden Hände hob er die bauchige Tasse zum Mund: Hitze Zusammenziehen der Brauen Frida Kahlo.
Zum Trocknen lagen die flachen Steine auf einem Backgitter, die Streben horizontal, und der Geruch der Farbe hing wie eine Fläche in der Luft. Von der Ablage nahm ich die große Küchenschere und versuchte, die riechende Fläche zu zerschneiden, wie ein Scherenschnitt Zacken hineinzuschneiden, Kreise, Rauten. Die Küche wurde ornamental und ich sagte *mal es aus, Lu, mal es aus*. Im Inneren des Mandalas fing er an, in konzentrischen Kreisen, in Halbkreisen, in Bögen, die sich nach Außen weiteten, und malte und tunkte den Pinsel. Er malte nicht über die Linien, über keine einzige und das Weiß und das Schwarz standen im Kontrast zueinander, einander gegenüber, abwechselnd nickten sie.
Abends wurde es kühl und trotz des Pullovers fror ich, wir drehten die Heizung auf, das Rauschen der Leitungen, Wasserwogen, Wärme. Als Luzian zu warm wurde und er seinen Pullover auszog, rutsche sein Shirt nach oben, der haarige Bauch, Eintiefung, Nabel. Flusen hatten sich darin eingenistet. Das Shirt war dunkelbraun, darauf Wellen, die an ein Gebirge erinnerten, sie standen parallel zueinander. Auf dem Brett vor uns lagen die flachen Steine, sie waren schwarz und weiß und wir saßen uns gegenüber. Mit einem meiner Steine fuhr ich die schwarzen Linien ab, die sich auf dem Spielbrett zu immer kleiner werdenden Quadraten formten, an den Seiten der Quadrate Verbindungslinien zu den anderen. Wir saßen im

Wohnzimmer auf dem Boden, auf dem Teppich, wir hatten ihn bekommen, als meine Großmutter starb. Luzian fuhr mit dem Zeigefinger die Muster auf dem Teppich nach, für die großen Kreise musste er sich weit nach rechts lehnen. *Du kannst nicht einfach irgendwie fahren. Es gibt Regeln, es gibt ein System*, sagte er, die Lippen am Glasrand, am Teerand, Verbrennung. *Ist das System wichtig?*, fragte ich und sah ihn dabei an, als würde ich das ernst meinen. *Frag nicht so blöd*, sagte er, nahm meinen Stein und legte ihn wieder zu mir, *normal bist du ja auch nicht so blöd. Willst du noch Tee?*, fragte ich. *Ich habe noch*, antwortete er und fuhr mit einem seiner Steine nach vorne, das Geräusch der Berührung: Holz auf Karton auf Hauthand. *Du hast ja fast nichts mehr in deiner Tasse, das reicht mir aber, ich setz mal Wasser auf, nicht jetzt, aber, trotzdem.* An der Unterseite waren die Holzsteine ein wenig eingetieft, die Oberfläche der Steine konvex. Fast sahen sie aus wie flache Kuppeln, flach und klein, und ich stellte mir vor, dass wir auf dem Spielbrett eine Stadt bauten, in der wir nachts nicht schlafen und tags Räuber und Gendarm spielen würden. Und wenn Luzian Gendarm war, würde ich mich fangen lassen und mich wehren, damit er mich fester um die Taille halten müsste. An unseren Händen wuchsen die Finger zusammen, legten sich aneinander, eine dünne Hautschicht zog sich über die ganze Hand und ebnete die Ritzen zwischen den einzelnen Fingern. Wir fuhren mit den Spielsteinen, bauten unsere Stadt, Mauern, Ziegel auf Ziegel und lehnten uns mit nackten Rücken an kalte Mauern. *Lu?* fragte ich, *ja?*, antwortete er, und das *ja* klang dabei wie ein Zögern. Wir sahen uns an, ich fuhr um die Ecke des Quadrats, mein Stein war weiß, er war leicht und schob Luzians Stein vom Spielfeld. *Das geht nicht so*, sagte er, schrie es fast, *nicht so*, ich griff auf seine Seite und nahm einen Schluck von seinem Tee. Er war schon kühl und schmeckte bitter. *Von wegen „das geht nicht"*, sagte ich und stellte die Tasse wieder auf den Tep-

pich. *Ich mag das nicht, wenn du so redest, du weißt das*, sagte Luzian. *Ich mag das nicht, wenn du meinen Tee nicht trinkst, du weißt das auch*, antwortete ich.
Mittlerweile war es so dunkel geworden, dass der Holunderbusch nicht mehr zu sehen war, durch das gekippte Fenster konnte man das Geräusch der Äste hören, die einander berührten. Luzian strich seine Haare zurück, sie berührten fast seine Schultern, fast Stoff, fast Haut. Er strich sie hinter sein Ohr und die Bewegung erinnerte mich an Wind. *Deine Haare sind schon wieder lang*, sagte ich. *Deine auch*, antwortete er, *und du darfst sowieso nicht. Jetzt musst du nicht wieder mit dem anfangen*, sagte ich, *immer kommst du mit dem gleichen Scheiß. Das ist kein Scheiß*, schrie Luzian. Sein Mund war eine Öffnung: Höhle eingenisteter Speichel. Ich sah seine Zähne, die weiße Gerade, über die ich früher immer gefahren war, wenn wir im Bett lagen. *Mach mal den Mund auf*, hatte ich dann gesagt. Luzian war wie ein Fisch, mein Finger in seinem Mund und manchmal biss er leicht mit seinen Fischzähnen zu. *Ich kann mich erinnern*, schrie er weiter, *Jänner, Februar war es, da hattest du sie mir geschnitten, es war kalt und draußen fiel Schnee, so viel wie noch nie. So kurz, hab ich gesagt, und sogar noch Daumen und Zeigefinger aneinandergehalten, damit du siehst. Und dazwischen war nur noch ein kleiner Spalt, eine Öffnung, eine Lichtung und meine dunklen Haare fielen in den Schnee, der seit Wochen in unserer Wohnung lag*. Damals war ich mit der Hand über seinen Kopf gefahren, die kurzen Stoppeln hatten sich dabei angefühlt, als würde man barfuß über frisch gemähtes Gras gehen, und Luzian sagte: *lass das*. Er sagte es kühl, *lass das*. Ich nahm die Hände weg und rasierte weiter. Noch lange konnte man die tiefere Kerbe in seinem kurzgeschorenen Haar sehen.
Es hatte begonnen zu regnen, von drinnen klang der Regen wie ein leises Kindersingen, *hol' die goldnen Garben, hol' die goldnen Garben*. Die Stimmen klangen wie in der Mitte zerbrochen

und ich sagte, *hol' dein Tesafilm, Lu, hol' dein Tesafilm.* Er sah mich nur an, seine Brauen zuckten leicht, und er fuhr auf dem inneren Viereck mit seinem Stein neben meinen, der bereits auf der anderen Seite von einem schwarzen Stein begrenzt war. *Seht der Wind treibt Regen über's Land*, sang Luzian, er sang noch bis in die Nacht hinein von Wind und Regen.

Gefangen im Glück des Smartphones

Dagmar Dusil

Alle hatten eines, nur ich nicht. Ich träumte davon, überlegte das eine und das andere, um auch an eines zu kommen. Doch wie?

Wir wohnen am Rand der Stadt in einem alten baufälligen Haus. Die Wände sind feucht, und die Feuchtigkeit kriecht immer höher. Großmutter bemerkt das kaum. Sie ist so alt und vom Leben gezeichnet, sie überbrückt die Tage in Demut und in der Hoffnung auf ein Wunder. Sebi, mein kleiner Bruder, sitzt im Rollstuhl. Eigentlich weiß ich nicht, ob er lebt oder nur atmet. Er sitzt einfach da. Ich gehe nicht jeden Tag zur Schule. Großmutter fällt das nicht weiter auf. Im Frühling, wenn es warm wird, gehe ich auf das nahe Feld neben den Bahngleisen und pflücke Blumen, die ich zusammenbündle und in den Frisörläden der Stadt den Damen zum Kauf anbiete. Auch Holunderblüten biete ich zum Kauf an, daraus kann man Sirup kochen.

Wenn ich in die Schule gehe, sitzen die andern an ihren Tischen oder stehen einfach herum, jeder mit seinem Smartphone. Ihre Daumen springen auf den Buchstaben flink hin und her. Sie sprechen kaum miteinander, doch sie schicken sich Botschaften. Einmal ließ mich Codruta einen Blick auf das Display werfen. Es stand nichts besonders da, doch die Botschaft war mit einem Smiley versehen, und Codruta freute sich darüber.

Und dann gibt es noch die Spiele. Tolle Spiele kann man mit dem Smartphone spielen, dabei Punkte erzielen, Stufen erreichen, Feinde töten, den Feind einfach fertig machen. Die Nazis sind doch Feinde? Ich will einer von den Alliierten sein, dann schieße ich die Nazis ab. Dann befreie ich das Land von den

Feinden, von den Nazis. Ich möchte Frontline Commando: D-Day spielen. Ich möchte mich auch in dieser Welt des Allesmöglich-Seins bewegen, doch ich lebe in einer Welt des Unerreichbaren. Mein Glück hängt an einem Smartphone, wie es alle, aber auch alle in meiner Klasse haben. So ein Smartphone verbindet, man wird einer von ihnen, sie können dich nicht mehr ausschließen. Das Alleinsein hat ein Ende. Codruta meinte, so ein Smartphone könne einen auch fertig machen, die Anderen könnten einen auch fertig machen. Ich weiß nicht, ob ich es glauben soll. Ich könnte N.O.V.A. spielen, eine Laserpistole haben, nach Jahren des Exils einer von der Menschheit sein, der auf die Erde zurückkehrt. Und dann gegen die Roboter kämpfen. Meine Finger könnten wie der Blitz über die Tasten jagen, das weiß ich. Codruta ließ mich einmal für ein paar Minuten spielen. Es war wunderbar. Im Nu habe ich Fünf fertig gemacht. Ich hatte so viel Macht.

Vor ein paar Jahren fuhr mein Vater ins Ausland zur Arbeit. Er wollte viel Geld verdienen und es uns schicken, damit wir die Wände unseres Hauses trocken machen, damit Mutter eine Waschmaschine kaufen könne und mein Bruder Medikamente bekäme, die ihn gesund machen könnten und ich, ja ich vielleicht ein Smartphone bekäme, doch den Gedanken dachte ich nicht zu Ende. Irgendwann kamen keine Nachrichten mehr von Vater. Die Firma, bei der er gearbeitet hatte, ist Pleite gegangen. Vater ließ nichts mehr von sich hören, Mutter wusch weiter die Wäsche von Hand, mein Bruder bekam keine Medikamente, und ich träume weiter von einem Smartphone.

Als die Feuchtigkeit zum eigentlichen Bewohner unseres Hauses wurde, beschloss Mutter, etwas zu tun. Sie fuhr mit dem Bus nach Spanien und wurde Erdbeerpflückerin. Zurück ließ sie uns und das Versprechen, bald wieder zu kommen, schließlich dauerte die Erdbeersaison nicht ewig. Das bestärkte mich in meinem Glauben, dass Mutter bald wieder bei uns sein wer-

de, mit Geld, das eine radikale Änderung unserer Lebensumstände nach sich ziehen würde. Die Träume bestimmten weiter mein Leben. Wenn ich nicht zur Schule ging, verkaufte ich Blumen den Damen im Frisörladen, die auch alle ein Smartphone besaßen und Nachrichten eintippten, während ihre Haare, gefärbt, geföhnt oder gekämmt wurden. Ich wünschte mir auch ein Leben mit einem Smartphone. Großmutter meinte, dass sei neumodischer Quatsch und eine Sünde gegen den lieben Gott. Der liebe Gott habe dem Mann eine Frau gegeben, sie meinte, regelrecht aus einer Rippe des Mannes habe er die Frau gemacht, damit er nicht alleine sei und jemanden zum Sprechen habe, und deshalb sei es eine Sünde, dass die Menschen so wenig miteinander sprachen und nur über die Teufelsgeräte, so nannte Großmutter die Smartphones, Gedanken austauschten. Ich sagte, Großmutter das ist Fortschritt, doch sie meinte, Fortschritt sei Sünde, und um mit dem lieben Gott zu sprechen, brauche es kein Smartphone, wobei sie nicht Smartphone sagte, sondern Teufelsgerät.
Ich ging jeden Tag in den Garten, um zu sehen, ob es noch Erdbeeren gibt. Und irgendwann gab es keine mehr. Nun musste Mutter aus Spanien zurückkommen. Mit einem Schippel Geld, mit Euros, und vielleicht würde auch Geld für ein Smartphone übrigbleiben. Ein Schauer durchfuhr meinen Körper. So muss sich Glück anfühlen, dachte ich. Ich blickte auf meine Hände, die Fingernägel waren schwarz, doch das ist bei einem Smartphone unwichtig. Mit einem Smartphone wäre ich einer von ihnen. Codruta hatte mir erzählt, dass es Gruppen gibt, denen man sich anschließen könne, dann hätte man eine Menge Freunde. So stellte ich mir das Paradies vor: mit einem Smartphone und einer Menge Freunden. Dann würde ich keine Blumen mehr pflücken für die Damen im Frisörsalon, sondern würde mit meinem Smartphone spielen. Es war zwar verboten, in der Schule zu spielen, doch was kümmerte mich das Verbot,

ich würde es heimlich tun, unter dem Pult, in der Pause und zu Hause. Im Bett läge ich vor dem Schlafengehen, und mit meinem Maschinengewehr würde ich die Bösen jagen, sie töten und dabei Punkte erzielen. Ich stellte mir vor, dass ich in der Rangliste Platz 1 belegen würde.

Die Erdbeerzeit war seit längerem vorbei, doch Mutter kam nicht. Als sich das Tor des Gartenzaunes eines Tages öffnete, hatte ich so ein komisches Gefühl, als der fremde Mann durch unseren Garten kam. Großmutter bekreuzigte sich. Im kleinen Päckchen, dass er uns gab, saß mein Glück: geheimnisvoll, unantastbar und noch stumm. Mein Wunsch hatte sich erfüllt. Mit dem Geld, das Großmutter von Mutter zugeschickt bekam, konnte sie zwar die Wände des Häuschens nicht trocken machen, doch es reichte für Salami und Kleinigkeiten. Mutter sahen wir nie wieder. Die Zeit wurde zu einem Erdbeerjahr.

Nun ging ich zur Schule, tagaus, tagein. Mein Smartphone steckte in einer Hülle, wie sie keiner von meinen Mitschülern hatte. In der Stummheit der Spiele war ich nun einer von ihnen. Ich gehörte zu ihnen. Codruta schickte mir sofort eine Freundschaftsanfrage. Doch das war nur der Anfang.

Hätte Mama mir nicht das Smartphone geschenkt, ich hätte nie den Weg zu den Blauen Walen gefunden. So bin ich einer von ihnen. Und bin im Spiel gefangen. Ich befolge strikt die Anweisungen. Niemand ahnt etwas. Auch Codruta nicht. Meine Großmutter natürlich auch nicht. Sebi, meinem im Rollstuhl sitzenden Bruder, von dem ich nicht weiß, ob und wenn ja wie viel er von dem versteht, was um ihn herum geschieht, flüstere ich manchmal etwas zu. Ich bekomme Aufgaben gestellt, die ich befolgen muss. Das ist das Spiel. Das ist das Spiel, in dem mir eine tragende Rolle zukommt. Die blauen Wale, das klingt doch schön. Irgendwo habe ich gelesen, dass die Wale die einzigen Tiere sind, die Selbstmord begehen. Ich vertraue diesem Spiel, ich vertraue meinem persönlichen Wal, der mir Anweisungen gibt, denn nun gehöre ich zu jemandem, er kümmert sich um mich, ich werde geliebt und gelobt, wenn ich die Aufgaben gewissenhaft ausführe.

Ich habe mich mit der Rasierklinge den Arm geritzt, so wollte es mein Wal. Er half mir den Schmerz zu ertragen. Als das Blut zu fließen begann, machte ich ein Selfie und verschickte es. Ich wurde gelobt. Nie hat mich jemand gelobt, nie gehörte ich zu jemandem wirklich. Vater ist verschwunden und Mutter im Erdbeerjahr und Großmutter hat den lieben Gott. Ich habe niemanden, vielleicht Sebi, doch Sebi kann mich nicht verstehen, und wenn er mich auch versteht, so kann er sich nicht äußern. Doch nun habe ich meinen Wal, der für mich da ist. Es ist mein persönlicher Wal. Fünfzig Tage lang wird er mir fünfzig Aufgaben stellen. Und was wichtig ist, er wird mir helfen, das Spiel bis zum Ende zu spielen. Am letzten Tag werde ich Selbstmord begehen, und dann ist das Spiel aus. Es gibt kein Zurück. Denn wenn ich nicht weitermache, wird jemand mir Nahestehender bestraft. Und das möchte ich nicht. Mutter oder Vater wird er wohl kaum finden. Und Großmutter wird vom lieben Gott beschützt. Doch Sebi? Er ist im Unglück geboren. Er darf nicht für mich büßen. Wenn ich sterbe, habe ich gewonnen. Wenn nicht, wird mir mein Wal helfen, es zu tun. Ich bin bereit. Wenn ich sterbe, habe ich gewonnen. Mein Tod ist mein Sieg. Ich bin im Spiel.

Gestern Nacht sollte ich um drei Uhr aufstehen und mir einen Horrorfilm, den ich zugeschickt bekommen habe, ansehen. Die Müdigkeit saß in meinem Kopf, und mir gruselte fürchterlich beim Film. Der Wind pfiff ums Haus, und plötzlich saß eine schwarze Katze neben meinem Bett. Die Zimmertüre war einen Spalt geöffnet. Das erklärte auch die Anwesenheit der Katze. Doch dann schrie auch ein Käuzchen, im Film rollten Totenköpfe, und Monster schmückten sich mit toten Ratten. Ich war versucht, zu Großmutter zu schleichen, mich von ihr in die

Arme nehmen zu lassen. Wie ein Held habe ich der Versuchung widerstanden. Ich gehöre zu ihnen und habe den Weg zu den blauen Walen gefunden. Am Morgen, noch müde und wie im Nebeltrance war ich sehr stolz auf mich.

Vielleicht ist dieses auch kein einfaches Spiel, sondern ein Spiel, bei dem es um Leben und Tod geht. Ich frage mich, ob Leben und Tod austauschbar sind? Doch darf ich mich so etwas fragen? Als ich mich in die Lippe schneiden musste, spritzte das Blut nach allen Seiten. Es tropfte auch auf das Display des Smartphones. Das Blut war warm und rann an meinem Kinn hinunter und schmeckte salzig.

Der Schmerz ist notwendig, sagt mein Wal. Je intensiver ich ihn spüre, desto besser. Ich müsse mich an der Grenze des Ertragbaren bewegen. Nur so könne ich an Nähe und an Vertrauen zu meinem Wal gewinnen. Besonders schlimm ist es, wenn ich mir eine Nadel unter die Fingernägel stecke. Ich spüre, wie ich nichts mehr wahrnehme und meine Gedanken aussetzen. Wenn ich wieder zu mir komme, mache ich schnell ein Selfie. Beweise sind alles.

Die Aufgaben werden mit dem Voranschreiten der Zeit immer verantwortungsvoller. Ich muss nun ein hohes Gebäude in der Stadt finden, am Rand sitzen und die Beine baumeln lassen. Ein bisschen schwindlig war mir schon. Danach habe ich mich selbst über mich gewundert und mein Bild bewundert. Mein Wal hilft mir, über mich selbst hinauszuwachsen. Ich zweifle seine Aufgaben und Befehle nicht an. Er hat für mich die Verantwortung.

Als ich mich bei der nächsten Aufgabe am Rand des Daches bewegen musste, mich tief hinunterbeugen sollte, fragte ich mich für einen Augenblick, wofür das gut sein sollte. Doch nur für einen Augenblick.

Bald hätte ich es geschafft, meint mein persönlicher Wal. Dann kennt mich die ganze Stadt, alle von meiner Schule werden

über mich sprechen. Auch die Damen aus dem Frisörsalon, denen ich die hübsch gebundenen Blumensträuße verkauft hatte, auch Mutter wird es erfahren im fernen Erdbeerjahr, und Vater, falls es ihn noch irgendwo gibt. Ich sehe Großmutter eine Kerze anzünden und mit dem unsichtbaren Gott reden. Und Sebis Blick wird wie ein aus dem Käfig freigewordener Vogel umherfliegen mit einem unbestimmten Ziel. Nur um Sebi tut es mir leid, leid, dass ich ihn nicht mitnehmen kann, doch das ist gegen die Spielregeln.
Morgen steht die letzte Aufgabe an. Mein Wal hat gewusst, dass ich eine schwere Zeit durchmache, deshalb bot er sich an, mir zu helfen. Er hat mich gefunden, weil ich zu finden war, weil ich mit der Welt verbunden war.

Einen Tag später berichteten die Medien über den Selbstmord des Schülers P. Er hatte sich von einem Hochhaus in den Tod gestürzt. Der Junge lebte bei seiner Großmutter und seinem behinderten Bruder. Die Eltern hatten sich im Ausland abgesetzt. Der Fall wird untersucht.

Leidenschaft

Annette Hengge

Ein neues Blinddate. Es ist also wieder so weit. Mein drittes in diesem Frühling. Ich komme so langsam auf den Geschmack, wie man sieht. Wir treffen uns in einer mir unbekannten Kneipe seiner Wahl, in einem anderen Stadtteil.

Ich betrete den Gastraum und sehe mich um. Holztische und Holzstühle, keine Tischdecken. Gemischtes Publikum, die meisten im Gespräch, andere irgendwelche mexikanischen Tapas essend. Okay, das ist soweit alles in Ordnung.

Gleich entdecke ich auch den kleinen Tisch in der Ecke, den er für uns reserviert hat, damit wir ungestört sind, wie er mir schrieb. Ich setze mich und stelle die Tasche, die alles für unseren gelungenen Abend enthält, neben mich auf den Boden.

Ein Mix aus Spannung, Vorfreude und Skepsis macht mich ganz kribbelig und ich versuche mich zu beruhigen, indem ich mir leise einflüstere: „Es ist doch nur ein Spiel."

Kurz darauf steht er auch schon vor mir. Mittelgroß, schlank, schwarzes Hemd, schwarze Hose und schulterlanges welliges Haar. Ein Mittdreißiger, schätze ich. Er gibt mir die Hand. Fester Händedruck – warme, aber trockene Hand – sehr gut. Die Kellnerin kommt. Wir bestellen Rotwein.

Die Spielregeln haben wir per E-Mail festgelegt. Diese Regeln sind alles, was wir wissen müssen, bevor es zur Sache geht. Eine Unterhaltung ist nicht vorgesehen, wir wollen uns ganz auf unsere Leidenschaft konzentrieren.

Er hält sich scharf an besagte Regeln und nickt mir bloß zu. Ich bin beeindruckt von so viel Disziplin, fiel doch mein letztes Blinddate dem Mitteilungsdrang meines Gegenüber zum Opfer. Ich habe nun mal ganz klare Vorstellungen von solchen Treffen. Ich nicke ihm vielsagend zurück, bücke mich nach der

Tasche und greife Spannung aufbauend, unendlich langsam hinein. Er lässt mich dabei nicht aus den Augen und lächelt vorfreudig. Vorsichtig damit nur ja nichts verrutscht, stelle ich die grün-braun-goldene Schachtel zwischen uns auf den Tisch und hebe den Deckel an.

Seine Augen leuchten, als die elfenbeinfarbenen, glänzenden Spielsteine zum Vorschein kommen. Zärtlich lässt er seine Fingerspitzen über die makellos aufgereihten Steine gleiten und schenkt mir einen Blick voll Anerkennung und Respekt.

Mein Gegner darf der Regel nach beginnen, greift sich ein Bänkchen und acht der Steine, die er sogleich auf dem Bänkchen zu platzieren beginnt. Auch ich bediene mich und bin sofort im Bann der Buchstaben. Zwei Sekunden später kommt schon seine Eröffnung: *NIVEAU*.

Überrascht ziehe ich die Augenbrauen hoch und atme tief ein. Donnerwetter, nicht übel. Der junge Herr scheint ein würdiger Gegner zu sein. Meine Antwort lässt nicht lange auf sich warten *OMEN*. Dank zweifach doppeltem Wortwert ebenfalls elf Punkte. Ich bin zufrieden. Wir rüsten beide wieder auf acht Spielsteine auf, kurze Bedenkzeit seinerseits, dann legt er *VI NYL*. Das gibt vierundzwanzig Punkte und ist eines meiner Lieblingswörter, um das Y abzustoßen. Meine Körperspannung steigt. Ich sitze auf einmal kerzengerade und beiße mir nervös auf die Unterlippe. Jetzt muss etwas Gutes kommen, um mitzuhalten. Mein Gehirn arbeitet auf Hochtouren. Rasend schnell rattern die acht Buchstaben in immer wechselnden Kombinationen durch meine Gehirnwindungen. Zack, da ist es! Mein *KLEINOD* kreuzt nun sein *VINYL*, bringt mir satte achtundzwanzig Punkte und zaubert mir ein selbstzufriedenes Grinsen ins Gesicht. Er schaut ein wenig finster drein. Wir greifen erneut zu. Genüsslich lasse ich meine Steine noch ein wenig in der Hand klackern, bevor ich sie in Reih und Glied auf die Bank setze.

Noch während ich mir meine Buchstaben besehe und auf dem Bänkchen hin und her sortiere, höre ich ihn schon sein nächstes Wort auf das Spielfeld legen. Ich schaue auf. *SPRÖDE* prangt da frech hinten am *KLEINOD*, und er schaut mich herausfordernd mit seinen übrigens sehr schönen braunen Augen an. Aha, spröde also, na der kann was erleben. *FILIGRAN* knalle ich wütend auf das Brett, um ihn an das *NIVEAU* des Spielbeginns zu erinnern. Es gibt nicht mal halb so viele Punkte wie sein *SPRÖDE*, hilft mir aber über die Unverschämtheit hinwegzukommen. Anscheinend hat der Herr meine Botschaft verstanden. Etwas zerknirscht fummelt er umständlich nach neuen Buchstaben und bringt zaghaft ein Verzeihung heischendes *MUSE* auf das Brett. Pah, nur sechs Punkte und nicht sehr gewitzt. Pulver schon verschossen oder was?

Um ihm zu zeigen, dass ich die unumstrittene Scrabble Queen bin, lege ich flink *QUÄLEN* über den doppelten Wortwert oben links und sahne dabei vierundvierzig Punkte ab.

Ich denke, nun hat er es kapiert.

Aber der Typ ist zäh und kontert mit *AQUARIUM*. Verdammt, das gibt es doch nicht. Tauscht er unterm Tisch Buchstaben? Ich nehme mir vor, ihn nun ganz genau zu beobachten.

Nervös und schwitzend nehme ich meine Kandidaten auf dem Bänkchen ins Visier. Die Buchstaben tanzen vor meinen Augen einen bunten Reigen, lustig anzusehen, aber ohne jeglichen Wortsinn. „Reiß dich zusammen", beschwöre ich mich „noch ist nichts verloren!" Ich konzentriere mich, werfe meine Wortbildungsmaschine an und lasse sie rattern. Stopp. Da ist es. *FRÜHBEET* über den dreifachen Wortwert, sechzig Punkte! Erleichtert lehne ich mich auf dem Stuhl zurück und schnaufe erst mal tief durch.

Er wirkt ratlos und muss lange überlegen. Das Feld ist jetzt schon recht verbaut und die Auswahl an Buchstaben reduziert. *SUPER* quetscht er zwischen die *MUSE* und das *SPRÖDE*. Vielen Dank für das Kompliment! Dafür schenke ich ihm sogar ein kurzes Lächeln.

Nun aber genug der Nettigkeiten. Ich will siegen, nicht weil der Verlierer laut der Spielregel die Rechnung begleichen muss, sondern weil ich beim Scrabble immer gewinne. Immer!

THEMA schreibe ich. Na ja, auch für mich wird es schwieriger, man möge Nachsicht haben.

Keine Nachsicht gibt es allerdings für ihn, als er versucht ein *URMEL* ins Feld zu schummeln. Streng schüttle ich den Kopf, und verschämt sammelt er *URE* und *L* wieder ein und legt stattdessen *ARMUT* über das *M* vom *AQUARIUM*. Warum nicht gleich so!

Wir ziehen erneut, bei mir landet das *X*. Ich nehme die Herausforderung an und scanne rasch mein Repertoire an X-Wörtern und gleiche sie mit den freien Buchstaben auf dem Feld ab. Momentan geht nichts.

Deshalb bastle ich einen *HAUCH* an seine *ARMUT*, streife dabei gekonnt den dreifachen Wortwert und bin mit dreiunddreißig Punkten mehr als zufrieden.

Bei ihm reicht es nur für ein mageres *JAGD* neben meinem *THEMA*, den doppelten Wortwert hat er knapp verpasst, lediglich zehn Punkte springen dabei heraus.

Hätte ich nicht gerade ein herrliches Plätzchen für das vermaledeite *X* entdeckt, würde ich ihn vielleicht bemitleiden.

Stattdessen lege ich, nicht ohne Stolz, *TEXTEN* unter die *AR-MUT* und freue mich diebisch, dass das *X* früh genug zu mir kam und ich nicht gezwungen war, aus Platzmangel *SEX* zu legen.

Mein Gegenüber scheint mittlerweile echte Probleme zu haben, denn er schiebt seine Buchstaben mit angestrengter Miene auf dem Bänkchen hin und her. Ich bestelle mir bei der Gelegenheit noch ein Viertel Wein, so wie es aussieht, muss sowieso er bezahlen.

Endlich, endlich bringt er ein knappes *NOT* auf das Brett und schaut mich mit traurigem Hundeblick an.

Ich aber bin erbarmungslos. Ohne mit der Wimper zu zucken, lege ich mit Genuss langsam, Stein für Stein, *TROCKEN* über den dreifachen Wortwert, wohl wissend, dass es das letzte lange Wort dieses Spiels sein wird. Vierundvierzig Punkte, das könnte der Todesstoß für den armen Kerl werden.

Seine Reaktion fällt ganz anders aus, als ich erwartet hatte. Er lächelt süffisant und wirft mir einen frechen Blick zu, hängt schnurstracks ein *E* an mein *FRÜHBEET* und kassiert damit dreiundsechzig Punkte. „Betrug! Diebstahl!" schreit es in mir. So ein mieser Abstauber. Aber na warte, das kann ich auch! Flugs ein *D an QUÄLEN* gebastelt, achtundvierzig Punkte, Rache ist süß.

Er fackelt nicht lang, stockt noch einmal auf und schreibt *WITZ* mit dem *I* meines Kleinods.

Ja mein Lieber, da hast du recht, ein Witz ist das, aber wer hat denn angefangen mit den niveaulosen Wortverlängerungen?

Um ihm zu beweisen, dass man durchaus noch sinnvolle Worte schreiben kann, sofern man was auf dem Kasten hat, bekommt das *TEXTEN* noch ein *LESEN* angefügt. Das wirkt so harmonisch und sinnvoll, dass ich mich richtig gut fühle und dem baldigen Spielende gelassen entgegensehe. Und das obwohl sich auf meiner Ersatzbank vier *S* und nur noch ein *E* tummeln. Ich studiere das Spielfeld sehr eingehend und komme zum Schluss, dass er noch ein *G, B, F* und ein *D* haben müsste. Neue Buchstaben gibt es nicht mehr. Meiner Meinung nach war es das.

Er legt zu guter Letzt das *D* ans *A* vom *AQUARIUM*. Letzte Heldentat für heute.

Mein Finale ist ein *ESSE* ganz oben ans *FRÜHBEET*. Er zuckt nur noch mit den Schultern und nimmt die leeren Hände nach oben. Ein *S* werde ich noch los, das zweite kann ich mangels freiem *O* nicht mehr unterbringen.

Spielende, mein Sieg, er zahlt.

Ich nehme den letzten Schluck Rotwein und greife nach dem Spielbrett, um es abzuräumen. Er aber fasst nach meiner Hand und hält mich zurück. Dann sucht er sich erneut Buchstaben heraus und legt *REVANCHE* auf den Tisch, schaut mich dabei erwartungsvoll an.

Und weil seine Hand so warm und trocken, seine Augen so braun und sein Wortschatz noch ausbaufähig ist, lege ich *SAMSTAG BEI MIR* auf den Tisch und gehe.

Das Museum der nie gespielten Spiele

Raimund Hils

1

Genüsslich sog die Schwester die kühle Luft in ihre Lungen, die durch das von ihr soeben geöffnete Fenster hereinströmte. Sie reckte die Arme und streckte sich, als erwache sie aus einem langen, tiefen Schlaf. Dann wandte sie sich mit einem Lächeln mir zu und gab das blaue Viereck frei, welches seit einiger Zeit mein Leben bestimmte.

»Was für ein herrlicher Sonntag! Jetzt lassen wir den Frühling herein. Die frische Luft wird Ihnen guttun und Sie wieder auf Trab bringen!«

Ich lächelte zurück.

Wir wussten beide, dass es nichts gab, das mich noch auf Trab bringen würde. Nicht in diesem Leben.

Die Schwester trat ans Bett und tätschelte meine Hand.

»Das wird schon wieder!«

Abermals versuchte sie zu lächeln, bevor sie das Zimmer verließ, doch in ihren Augen las ich eine unendliche Traurigkeit, die sie bei ihrer Arbeit so gut wie möglich ausblendete.

Die letzten Monate meiner nun beinahe neunzig Jahre verbrachte ich wie die ersten. Hilflos wie ein frischgeborener Säugling wurde ich gefüttert und gewickelt. Der einzige Unterschied zu damals war der, dass ich sprechen konnte. Doch die immer weniger werdenden Menschen um mich her nahmen meine Worte wegen meiner fortschreitenden Vergesslichkeit nicht mehr ernst. Auch die liebenswürdige Schwester nicht, wenngleich sie stets einfühlsam versuchte, den Anschein zu erwecken.

Es fiel mir schwer, die endlosen Tage zu bewältigen, an denen beinahe nichts geschah. Sie waren alle so unbeschreiblich leer. Einer wie der andere. Die einzige Abwechslung bestand in den feinen Abstufungen der Tönung meines blauen Vierecks.
Da ich das Bett nicht mehr selbständig verlassen konnte, war ich diesen sinnlosen Tagen ausgeliefert. Sie glichen sich wie die Sandkörner in der Wüste. Vier Mahlzeiten: Frühstück, Mittagessen, Nachmittagskaffee, Abendessen. Dazu wurde ich jedes Mal in einen Rollstuhl genötigt und zwei Meter weiter an den Esstisch gefahren. Eine elende, schmerzhafte Prozedur. Und überflüssig, denn ich hatte nie Hunger. Der einzige Grund, weshalb ich überhaupt etwas aß, war der, dass ich gefüttert wurde. Mit Nachdruck. In der Folge übergab ich mich oft.
Morgens und abends wurde ich gewaschen. Das bedeutete: Auf dem Weg zum Frühstück und nach dem Abendessen einen Umweg über die Nasszelle, die sich in einer Ecke des Zimmers gleich neben der Tür befand. Zwei oder drei Mal täglich wurde ich gewickelt. Eine vielleicht alltägliche, aber erniedrigende Angelegenheit. Jedenfalls empfand ich das so und fand es daher tröstlich, dass mein Kurzzeitgedächtnis einigermaßen beeinträchtigt war. Zwischen den Mahlzeiten: Bettruhe. Das bedeutet: Schlafen. Oder das Starren auf eine der schneeweißen Wände meines Zimmers. Oder auf das blaue Viereck.
Es fiel mir nicht leicht, so zu leben. Doch ich konnte nichts dagegen unternehmen. Irgendwann ist der Punkt überschritten, an dem man seinem Leben selbst ein Ende setzen kann. An dem man zumindest teilweise noch selbst bestimmt, was mit einem geschieht. Ich lag im Bett, ein Kissen im Rücken, um die dünne Haut an meinem Gesäß zu schonen. Nur mit fremder Hilfe gelang es mir, mich zu drehen oder in den Rollstuhl zu wechseln. Meine zitternden, kraftlosen Arme reichten für diese Anstrengung nicht mehr aus. Einzig meine Blicke konnte ich noch steuern. Unentwegt wanderten sie im Zimmer umher,

krochen die Wände hinauf, die Decke entlang und am Ende blieben sie meist an diesem blauen Viereck hängen, das noch etwas Zerstreuung in meine Tage brachte.

Mit den Wänden in meinem Zimmer war ich nie vertraut geworden. Mit dem blauen Viereck dagegen bereits am ersten Tag. Genaugenommen war es ein Fenster. Da sich mein Zimmer jedoch in der sechsten Etage befand und ich aus meinem Bett heraus immer nur schräg nach oben blicken konnte, sah ich nichts außer dem mehr oder weniger bewölkten Himmel. Kein Baum vor dem Pflegeheim war hoch genug, um mir seine Krone zu zeigen. Das blaue Viereck begleitete meine Tage von morgens bis abends und wich lediglich in der Nacht einem schwarzen Tuch. Doch auch dann war es nur selten völlig schwarz. Meist zogen funkelnde Sterne vorüber, manchmal schaute der Mond nach mir.

Trotz der tagsüber blauen Färbung war das blaue Viereck niemals eintönig. Manchmal wirkte es heller, andere Male dunkler. Bei trübem Wetter zeigte es einen mehr oder weniger ausgeprägten Graustich. Aber das mehr oder weniger Blausein war nicht das Wesentliche. Entscheidend war, dass es Dinge mit mir machte, die ich mir niemals hätte träumen lassen.

Zum ersten Mal geschah es an diesem wunderschönen Sonntag, an dem die Schwester den Frühling ins Zimmer bat. Das blaue Viereck zeigte ein tadelloses Blau. Nicht eine Wolke störte dieses Bild. Bis dann ohne Vorwarnung ein schwarzer Schatten durch das Viereck strich. Ein Vogel, da war ich mir sicher. Aber er war so schnell vorübergezogen, dass ich nicht hätte sagen können, ob es sich um eine Amsel oder eine Krähe handelte. Doch letztlich spielte das keine Rolle. Wichtig war einzig die Erkenntnis, dass es auch für mich einen Ausweg aus meiner scheinbar hoffnungslosen Situation gab. Durch das blaue Viereck.

2

Der Bus war vollkommen leer. Niemand außer mir war zugestiegen. Es hatte auch niemand an der Haltestelle gewartet. Ich löste eine Fahrkarte und setzte mich auf den ersten Sitz der rechten Seite. So konnte ich durch die Windschutzscheibe alles sehen, was auch der Busfahrer sah, und durch die Seitenfenster links und rechts noch viel mehr. Schließlich musste ich nicht auf die Straße und den Verkehr achten und konnte mich nach Belieben umschauen.

Es handelte sich um einen gewöhnlichen Bus mit roten, kunstledernen Sitzen. Ein Linienbus. Er schien noch neu zu sein, alles war sauber, nirgendwo gab es Beschädigungen an den Sitzen oder Wänden; nicht einmal leichte Kratzer konnte ich ausmachen. Die Luft roch etwas abgestanden – vielleicht nach Schweiß –, was den Anschein erweckte, der Bus wäre bis auf den letzten Platz mit Reisenden besetzt. Aber er war leer und ich der einzige Fahrgast.

Es regnete. An den Fenstern sammelten sich die Tropfen zu dicken Wasserperlen und rollten im Fahrtwind wie Tränen vorüber. An der Windschutzscheibe bewegten sich die Scheibenwischer in einem monotonen, beruhigenden Rhythmus hin und her. Zuerst war ich etwas verwundert, denn als ich mein Zimmer durch das blaue Viereck verlassen hatte, leuchtete der Himmel in einem frischen, strahlenden Blau. Die Worte der Schwester wenige Stunden zuvor kamen mir in den Sinn:

»Was für ein herrlicher Tag!«

Doch dann dachte ich nicht weiter darüber nach. Stattdessen schaute ich aus dem Fenster und genoss den Regen.

Der Fahrer blickte immer geradeaus. Nur wenn er abbiegen wollte, setzte er den Blinker und schaute nach links oder rechts. Er war ein älterer, wortkarger Mann und sprach während der ganzen Fahrt kein einziges Wort. Aber es war auch nicht seine

Aufgabe, sich mit den Fahrgästen zu unterhalten. Vielmehr sollte er sie sicher und pünktlich an ihren Zielort bringen.

Der Bus hatte inzwischen die Stadt verlassen. Die Dörfer, durch die wir fuhren, wurden von Mal zu Mal kleiner. Es gab zahlreiche Haltestellen, doch der Bus hielt nie, denn es wartete niemand, der zusteigen wollte. Und wie ich schon erwähnte, gab es außer mir auch keinen Fahrgast, der hätte aussteigen können. Erst als ich darüber nachsann, wurde mir klar, dass ich überhaupt nicht wusste, wohin der Bus fuhr. Ich hatte einfach den ersten Bus genommen. Nicht einmal über die Richtung, in die er fuhr, hatte ich mich informiert. Ich war eingestiegen, in der Hoffnung, dass er mich irgendwo absetzen würde. Auch die Erinnerung, wo ich eingestiegen und wie ich zu dieser Haltestelle gekommen war, hatte sich in Nichts aufgelöst.

Irgendwann hielt der Bus dann doch. Es war der kleinste Ort, durch den wir bislang gekommen waren. Es gab nicht mehr als vielleicht zehn Häuser.

»Endstation!«, sagte der Busfahrer.

Er hatte eine angenehme Stimme.

Wenngleich mir der Ort bekannt vorkam, hatte ich keine Vorstellung, wo ich mich befand. Ich bedankte mich beim Fahrer und stieg aus. Zischend schlossen sich die Türen hinter mir. Mit brummendem Motor machte sich der Bus auf den Rückweg.

Nachdem die letzten Geräusche von einer leichten Brise verweht worden waren, betrachtete ich meine Umgebung. Es hatte aufgehört zu regnen. Ich befand mich auf einem großen, runden Platz, um den herum die Häuser in nahezu gleichen Abständen angeordnet waren. Lediglich im Norden und im Süden waren die Abstände etwas größer, weil hier die Straße hindurchführte. Keine Menschenseele war zu sehen, obwohl Mittagszeit war. Oder gerade deswegen?

Ich setzte mich auf eine Bank und zählte die Häuser. Nein, es waren nicht zehn, sondern zwölf. Genauso viele wie Ziffern auf einer Uhr. Auf jeder Seite der Straße sechs. Für jede Stunde eines Ziffernblatts eines. Auf der Linde in der Mitte des Dorfplatzes hockte eine Amsel. Sie sang wunderschön, und mich beschlich das Gefühl, sie sänge nur für mich.
Nach einer Weile stand ich auf und schlenderte die Straße hinab. Als ich das letzte Haus erreicht hatte, bemerkte ich in einem nahen Wäldchen das Dach eines weiteren Gebäudes. Es wirkte genauso geheimnisvoll wie die verspielten Türmchen, die an den Ecken über die Wipfel der Apfelbäume hinausragten. Neugierig beschloss ich, das rätselhafte Haus aufzusuchen.
Es handelte sich tatsächlich um Apfelbäume, die aus der Ferne wie ein Wäldchen wirkten. Lediglich an einer Stelle ragte inmitten einer großen Lichtung eine uralte Eiche empor. Ein merkwürdiges Gefühl beschlich mich, sobald ich den breiten Weg, der durch den Garten zur Villa hinführte, betreten hatte. Als würde das Haus mich erwarten.

3

Der erste Raum, den ich betrat, nachdem ich die wenigen Stufen im Windfang erklommen hatte, war recht groß. Es erschloss sich mir nicht, welchem Zweck er einmal gedient haben mochte. Es gab keine Möbel, wenn man von dem Stuhl und dem winzigen Tischchen gleich neben der Tür absah. In wohlüberlegten Abständen standen zahlreiche Vitrinen über das ganze Zimmer verteilt. In jeder Vitrine befand sich ein einziger Gegenstand, manchmal klein wie ein Stecknadelkopf, ein anderes Mal groß wie ein Fußball. Üppigere Exponate waren an den Wänden aufgehängt oder auf einem dort befestigten Brett angebracht. Sie folgten einer Ordnung, die sich mir nicht erschloss. Auch die anderen Zimmer im Erdgeschoss und im ersten Obergeschoss, die ich nacheinander in Augenschein nahm, folgten demselben Muster.

Damit war der aktuelle Zweck des Gebäudes nicht zu übersehen – es handelte sich zweifelsfrei um ein Museum. Oder um eine private Sammlung, die jemand, zu welchem Zweck auch immer, angelegt hatte. Diese mir noch unbekannte Person war jedoch nirgendwo zu finden.

Meistens sind die präsentierten Gegenstände in einem Museum beschriftet, oft sogar durch ausführliche Texte vor den Vitrinen oder Ausstellungsstücken erläutert. Doch hier gab es nichts dergleichen. Die Exponate standen für sich und letztlich hätte es auch keiner Erklärung bedurft. Waren sie doch so banal, dass jeder von selbst erkennen musste, um was es sich handelte: eine Murmel, ein Paar zerrissener Hosenträger, eine Eichel, eine verschrumpelte Kastanie, ein morscher Ast, ein schmutziges Tau, ein angekauter Bleistift ... Nichts davon schien besonders alt zu sein. Die einzige Erklärung, deren es vielleicht bedurft hätte, war die Antwort auf die Frage, weshalb diese so gewöhnlichen und scheinbar unzusammenhängenden Dinge überhaupt ausgestellt wurden. Denn so leicht sie auch zu bestimmen waren, der tiefere Sinn dahinter – wenn es ihn denn gab – blieb verborgen. Mir zumindest.

Am Ende hatte ich jeden einzelnen Raum in der Villa besichtigt, ohne eine Menschenseele vorzufinden. Auch die Bedeutung der ausgestellten Stücke war mir nicht klarer geworden. Sie erschienen mir wertlos und wahllos zusammengestellt, wenngleich ich mir sicher war, mit dieser Einschätzung im Unrecht zu sein. Aber so war es nun einmal. Also beschloss ich, fürs erste in mein Krankenzimmer zurückzukehren. Aber bereits zu diesem Zeitpunkt war mir klar, dass die alte Villa mich nicht mehr loslassen würde. Nicht, bis ich ihrem Geheimnis auf die Spur gekommen war.

4

Als der Bus an der Endstation hielt – wieder war er vollkommen leer und vom selben wortkargen Busfahrer gesteuert worden –, stand ein Junge an der Haltestelle. Aber er machte keine Anstalten, einzusteigen, sondern wartete, bis der Bus verschwunden war. Dann wandte er sich zu mir um und musterte mich eindringlich.
»Gehen wir!«, sagte er nach einer Weile.
Erstaunt blickte ich ihn an.
»Wohin?«
»In das Museum natürlich! Ich werde Ihnen die Sammlung zeigen!«
»Die Sammlung? Aber ich habe sie doch schon gesehen.«
»Ich weiß, aber Sie haben sie nicht verstanden. Ich werde Ihnen alles erklären.«
»Aha!«
Einerseits war ich erstaunt, andererseits froh, dass sich jemand die Mühe machen wollte, mir die Hintergründe der ausgestellten Gegenstände zu erläutern. Auch langes Nachdenken in meinem Krankenzimmer hatte mich nicht einen Schritt weitergebracht. Also marschierten wir los und waren bald schon an der Villa angelangt.
Der Junge war flinker als ich und bevor ich mich versah, hatte er bereits die Treppe erklommen.
»Wo bleiben Sie denn?«, rief er ungeduldig, den Fuß schon in der Tür. Vielleicht konnte er sich nicht vorstellen, dass man mit beinahe neunzig Jahren die Dinge etwas gemütlicher angeht, als mit neun. Auf dieses Alter schätzte ich ihn.
Als ich im ersten Ausstellungsraum angekommen war, eilte er schon ins nächste Zimmer.
»Wo willst du denn hin?«

»Wir sollten mit etwas Einfachem beginnen, damit Sie es auch wirklich verstehen«, sagte der Junge. »Und nur ein Gegenstand je Tag. Das genügt.«

Er durchquerte zwei weitere Räume, bis er vor einer Vitrine stehen blieb, in welcher eine bunte Murmel auf rotem Samt gebettet lag.

»Wissen Sie, was das ist?«, fragte er.

»Eine Murmel natürlich. Was denn sonst?«

»Das war einfach«, sagte er grinsend. »Und was macht man mit Murmeln?«

Um ehrlich zu sein, ich wusste es nicht. Ich hatte zwar schon einige Murmeln gesehen, doch niemals hatte ich mir Gedanken gemacht, wozu sie nützlich sein konnten. Für mich waren sie immer hübsche, gläserne Kugeln gewesen, nicht mehr und nicht weniger. Und völlig wertlos.

Das Grinsen des Jungen wurde noch breiter. Es zeigte mir, dass ich keine Ahnung hatte.

Er griff in seine Hosentasche und kramte eine Handvoll Murmeln hervor. Wie die ausgestellte Murmel bestanden auch sie aus farblosem Glas. Aus ihrem Innern schimmerten kunstvolle, bunte Spiralmuster. Er sortierte sie nach Farben und gab mir zehn Stück mit grünem Muster; für sich selbst legte er genauso viele mit blauen Spiralen in die linke Hand. Die Übrigen steckte er in seine Hosentasche zurück. Danach ergriff er mit der Rechten meine Hand und zog mich ins Freie hinaus. Dort gab es einen sandigen Platz, in dessen Mitte er mit dem Absatz zwei Mulden im Abstand von etwa 20 Zentimetern hineinstieß. Den losgetretenen Sand stampfte er am Rand wieder fest. Dann kam er zu mir herüber und zog mit einem Stöckchen in etwa drei Metern Entfernung zu den Mulden eine Linie.

»So, von hier aus werfen wir«, sagte er. »Die linke Kuhle ist für Sie, die rechte für mich. Wenn Ihre Murmel in meinem Loch landet, gehört sie mir. Und umgekehrt. Zum Werfen darf die

Linie nicht übertreten werden. Falls eine Murmel keine der beiden Mulden trifft, darf sie mit dem Finger weitergeschnippt werden. Wir wechseln uns ab. Sie beginnen.«

»Fang du an. Ich kenne das Spiel nicht.«

Der Junge fixierte mich verständnislos und wissend zugleich. Dann nahm er eine der blauen Murmeln und warf sie in Richtung der Mulde.

»Treffer!«, rief er.

Die Reihe war an mir. Ich warf zu kurz; die Murmel blieb nach zwei Metern im Sand liegen.

Der Junge traf auch beim zweiten Mal direkt in die Kuhle.

»Sie müssen jetzt schnippen«, sagte der Junge. »Erst wenn Ihre Murmel im Loch ist, dürfen Sie die nächste werfen.«

Ich brauchte insgesamt drei Versuche, bis die erste Murmel im Ziel war. In dieser Zeit hatte der Junge drei mit dem ersten Wurf eingelocht.

Meine zweite Murmel flog schon besser, sie kam nur wenige Zentimeter vor der Mulde zum Liegen. Einmal schnippen und auch sie war im Ziel. Mit der dritten schaffte ich es beim ersten Wurf – allerdings in die Mulde des Jungen. Er grinste und sackte die Glaskugel ein.

Je länger wir spielten, umso besser wurde ich. Allerdings gelang es mir nicht, an die Geschicklichkeit des Jungen heranzukommen. Natürlich nicht.

»Und? Gefällt Ihnen das Spiel?«

Ich nickte. Es gefiel mir tatsächlich und ich konnte mich nicht erinnern, wann ich das letzte Mal so viel Spaß gehabt hatte. Als wir das Spiel beendeten, gehörten die meisten Murmeln dem Jungen. Aber das hatten sie ja ohnehin. Er sortierte die Grünen wieder aus und reichte sie mir.

»Hier, zur Erinnerung. Damit Sie niemals vergessen, was Sie verpasst haben!«

5

Von nun an besuchte ich die alte Villa jeden Tag. Alles schien nach festen Regeln zu funktionieren. Immer war ich der einzige Fahrgast im Bus, als führe dieser nur für mich. Immer wartete der Junge an der Bushaltestelle im Dorf auf mich. Und immer begleitete er mich in die Villa und erklärte mir einen einzigen Gegenstand. Jedes Mal gingen wir danach in den Garten, wo meist eine Horde Kinder mit leuchtenden Augen auf uns wartete, um mit uns zu spielen. Jeden Tag ein anderes Spiel.
Der Junge sprach nur wenig. Das Nötigste. Darin ähnelte er mir. Überhaupt schien er nur zu sprechen, wenn er etwas erklärte.
»Was sehen Sie hier?«
Der Gegenstand, den er für diesen Tag ausgewählt hatte, befand sich nicht in einer Vitrine. An der Wand zum Garten war ein schmaler Sims montiert, ziemlich genau in der Mitte zwischen zwei Fenstern. Auf dem Sims standen zwei hölzerne Hände, am Handgelenk abgeschnitten. Die Handflächen zeigten mit ausgestreckten Fingern zueinander; die Daumen wiesen in den Raum. Der Abstand zwischen den Händen war ungefähr so groß, dass ein Kopf dazwischen gepasst hätte.
»Zwei Hände?«
»Und? Was sagen Ihnen diese Hände?«
Ich zuckte die Schultern.
»Nichts. Keine Ahnung!«
Der Junge verdrehte die Augen ob meiner Fantasielosigkeit.
Wie immer ging es nun nach draußen. Die Kinder standen aufgereiht am Zaun. Der Junge schob mich an ein Ende der Schlange und stellte sich neben mich. Ein Mädchen trat heraus und schritt die Reihe ab.

»Eins – zwei – drei – vier – fünf – sechs – sieben, – eine – alte – Frau – kocht – Rüben, – eine – alte – Frau – kocht – Speck – und – du – bist – weg!«

Bei jedem Wort wies es mit dem rechten Arm auf eines der Kinder. Bei *weg* zeigten ihre Finger auf mich.

»Du musst suchen!«, rief sie. »Stell dich an die Wand, verdecke deine Augen mit beiden Händen und zähle bis hundert. Dann rufst du: ›Ich komme‹. Wenn du uns alle gefunden hast, ist das Spiel zu Ende.«

Ich schaute sie fragend an.

Da nahm sie mich an der Hand, führte mich zur Wand, hob meine beiden Hände neben mein Gesicht, so dass ich nur noch die Wand sah, und sagte: »Jetzt zähl bis Hundert.«

Ich begann zu zählen:

»Eins, zwei, drei, vier, … achtundneunzig, neunundneunzig, hundert.«

Als ich fertig war und mich umblickte, war ich allein. Alle Kinder waren verschwunden. Da erinnerte ich mich an das, was das Mädchen gesagt hatte.

»Ich komme!«, rief ich.

Und dann begann ich zu suchen. Wie das Mädchen es befohlen hatte.

Eines der Kinder hatte ich gleich gefunden. Ein kleines Mädchen hatte sich hinter der Regentonne versteckt, die nicht weit von dem Platz entfernt stand, an dem ich bis Hundert gezählt hatte. Doch dann wurde es schwieriger. Der Garten war groß und viele der Bäume waren so dick, dass ein Kind sich leicht hinter dem Stamm verstecken konnte.

Ein anderes hatte eine alte, staubige Kutsche, die in einem Anbau neben der Villa untergebracht war, als Versteck ausgewählt. Auch in einem Hohlraum in der Hecke, die um das Grundstück lief, wurde ich fündig. Und von dem dicken Ast eines alten Apfelbaums blickte jemand unschuldig auf mich herab.

Am schwierigsten war es, den Jungen zu finden. Aber schließlich gelang es mir doch. Er hatte sich in einen Hohlraum der alten Eiche gezwängt. Doch ich muss zugeben, es war sein unterdrücktes Niesen, das mich auf sein Versteck aufmerksam machte. Der Hohlraum im Stamm war nur von oben zu erreichen. Ohne die Hilfe des unbeabsichtigten Geräuschs hätte ich das vermutlich nie geschafft.
Bald hatte ich alle Kinder gefunden.
»Und?«, fragte der Junge.
»Phantastisch«, rief ich, vom vielen Hin und Herlaufen auf dem Grundstück ein wenig außer Atem.
Ich hatte das Spiel wirklich genossen und fragte mich, weshalb ich es als Kind nie gespielt hatte.
Das Mädchen zählte von neuem aus und jemand anderes bekam die Rolle des Suchenden zugewiesen. Und ich machte mich auf die Suche nach meinem ersten Versteck …

6

Inzwischen hatte ich die Villa viele Male besucht. Beinahe täglich war ich hergekommen. Dennoch rätselte ich noch immer, um welche Art von Museum es sich handelte. Es wurden alltägliche Dinge ausgestellt, aber ich erkannte nach wie vor keinen Zusammenhang. Keinen historischen, keinen zeitlichen, auch keinen sachlichen. Nichts. Über dem Eingang hing kein Schild, an der Straße fehlte ein Wegweiser. Und niemals war ich einem anderen Besucher begegnet. Immer gab es nur den Jungen und mich. Und die Kinder im Garten. Wobei der Junge eher den Eindruck des Museumsdirektors als den eines Besuchers erweckte.
»Um was für eine Art von Museum handelt es sich?«, fragte ich.
»Das müssen Sie selbst herausfinden!«

Wie immer beantwortete der Junge nur die Fragen, die er beantworten wollte. Wobei das vielleicht falsch ausgedrückt ist. Denn genaugenommen bestanden seine Äußerungen im Museum stets aus einer Aneinanderreihung von Rätseln. Jedenfalls empfand ich es so. Womöglich gelang es mir in meinem hohen Alter nicht mehr, den Gedankengängen eines jungen Menschen zu folgen. Oder die Dinge, die für mich ein Rätsel darstellten, waren ihm so vertraut, dass er keine Gedanken daran verschwenden musste.

Doch so langsam dämmerte mir – wenngleich es mir schwerfiel, es zu glauben –, dass das Museum etwas mit *Spielen* zu tun haben musste. Denn immer, wenn wir einen Gegenstand in Augenschein genommen hatten, spielten wir ein Spiel, zu dem dieser mit mehr oder weniger Fantasie passen konnte. Doch das fiel mir immer erst im Nachhinein auf. Der Junge selbst stellte in seinen Erläuterungen nie eine derartige Verbindung her. Noch überwogen meine Zweifel und ich fragte mich, wozu Spiele in einem Museum ausgestellt werden sollten. Welchen Sinn mochte das ergeben? Etwas derart Flüchtiges, das für Kinder in einem Moment unsagbar wichtig war, und das sie Sekunden später wieder vergessen zu haben schienen? Oder gerade deshalb? Und außerdem: Wie sollte ein Spiel überhaupt ausgestellt werden? Vielleicht war das für ein Brettspiel noch möglich. Oder für Murmeln. Doch für die Spiele, die zumindest die Kinder auf dem Land spielten, kam das nicht in Frage. Wie sollte ein *Versteckspiel* oder *Fangen* ausgestellt werden? Bewegung oder Nichtbewegung? Spiele, für die keinerlei Gegenstände benötigt wurden? Und wenn ich mir die in diesem Museum ausgestellten Exponate in Erinnerung rief, so gab es kaum eines, das an ein bekanntes Brettspiel erinnerte. Einzig die Murmel konnte noch als Gegenstand durchgehen, der einem Spiel nahe kam. Doch womöglich waren das nur die Gedankengänge eines alten Mannes, der in seinem langen Leben

nie die Muße gefunden hatte, ein Spiel zu spielen, niemals das Vergnügen empfunden hatte, sich im Spiel zu verlieren und der Wirklichkeit zu entrinnen ...
Wieder dachte ich an den Jungen, der sein Kindsein genoss und mir vorführte, wie es hätte sein können. Denn nach jedem Exponat, das er mir zeigte, begann er ein Spiel mit mir zu spielen. Anfangs dachte ich noch, es läge an seiner kindlichen Verspieltheit, doch so unspielerisch ein Gegenstand auch erscheinen mochte, ihm fiel immer ein geeignetes Spiel dazu ein. Und wenn ich lange genug darüber nachdachte, musste ich zugeben, dass zwischen dem Ausstellungsstück und dem gespielten Spiel tatsächlich eine Beziehung bestand. Meine Gedanken wanderten zu den stehenden Händen, die ein Gesicht verdecken konnten. Und jetzt wurde mir klar, dass auch Spiele für die man nichts als sich selbst brauchte, dargestellt werden konnten. Und sei es nur ein winziger Ausschnitt des Spiels.

7

Die Vitrine, die wir an jenem Tag in Augenschein nahmen, war mit dickem, schwarzem Samt ausgelegt. In der Mitte der dunklen Fläche schimmerte ein kleiner, gekrümmter und beinahe elfenbeinfarbener Gegenstand.
»Und?«, fragte der Junge.
»Sieht aus wie eine Kralle. Von einer Katze vielleicht?«
Der Junge nickte anerkennend. Wie so oft lag ich auf Anhieb richtig. Was mir allerdings nicht schwergefallen war; schließlich hatten in meinem langen Leben unzählige Katzenkrallen die Haut meiner Hände aufgeritzt.
»Und weiter?«
»Nichts weiter ...«
Die Kralle lag da, präsentiert wie eine wertvolle Elfenbeinschnitzerei, doch es gelang mir nicht, einen Bezug zu irgendet-

was herzustellen. Wozu – vom Wert für eine Katze einmal abgesehen – sollte eine Katzenkralle schon gut sein? Was konnte sie symbolisieren?

Es war mir noch nie gelungen, aus einem richtig erkannten Gegenstand eine passende Schlussfolgerung zu ziehen. In welche Richtung auch? Der Junge drückte jedes Mal sein Erstaunen über mein Unvermögen darüber aus, nicht mehr – es folgten keine Erklärungen. Aber danach ein Spiel.

Auch dieses Mal endete der Nachmittag im Garten. Die Kinder warteten bereits, sich an den Händen haltend zu einem Kreis aufgestellt. Der Junge hob die verbundenen Hände zweier Kinder an, schlüpfte gebückt in die Mitte des Kreises und zog mich hinterher. Hinter uns fielen die Arme sofort wieder nach unten. Wir waren eingeschlossen von einer ringförmigen Mauer. Einer Mauer aus fröhlichen Kindern.

»Du bist die Katze, ich bin die Maus!«, rief der Junge. »Deine Aufgabe ist es, mich zu fangen. Los geht es!«

Und schon war er weg. Er rannte an den Kindern im Kreis vorbei, wartete darauf, dass ich ihn anspringen würde. Doch schon bei meiner ersten Bewegung in seine Richtung befand er sich auf der anderen Seite des Rings.

Anfangs stellte ich mich ziemlich plump an. Doch nachdem ich den Ablauf des Spiels einigermaßen begriffen hatte, wurde ich schneller und kam dem Jungen immer näher. Aber das sollte mir nicht helfen. Denn kaum gelang es mir, ihm so nahe zu kommen, dass ich ihn greifen konnte, schnellten die Arme der Kinder pfeilschnell nach oben und öffneten ihm ein Tor, durch das er aus dem Kreis fliehen konnte. Unmittelbar hinter ihm schloss sich die Öffnung, so dass mir der Durchgang verwehrt war. Ich, der Jäger, blieb gefangen im Kreis wie in einem Gefängnis.

Wenige Augenblicke später hoben sich die Hände am anderen Ende des Kreises und der Junge sauste wieder herein. Er reizte mich, ich setzte ihm nach. Arme hoben und senkten sich wie die Wogen eines Ozeans, immer wieder gelang es dem Jungen, aus meiner Reichweite zu kommen. Die Maus spielte mit der Katze – nicht umgekehrt, wie es nach meinem Verständnis sein sollte. Und obwohl alles darauf hindeutete, dass ich das Spiel verlieren würde, war ich glücklich. Denn ich war nicht allein. Wir spielten in der Gruppe und irgendwann, als ich schon nicht mehr daran glaubte, erwischte ich den Jungen doch. Die Katze hatte die Maus gefangen! Ich wechselte in den Kreis. Jetzt wurde dem Jungen die Rolle der Katze zuteil, ein anderes Kind übernahm die der Maus.

8

Auch das dicke Stück Tau, das über die ganze Länge der Wand gezogen war, sagte mir nichts. Es hatte in der Mitte eine Markierung, die Enden waren verknotet und ausgefranst. Außerdem war es ziemlich schmutzig. In meiner Vorstellung brachte ich es mit der Takelage eines Segelschiffs in Verbindung, wozu der Schmutz allerdings nicht passte. Womöglich diente es in früherer Zeit zum Anbinden eines Bootes; zudem war die Verwendung in einem Flaschenzug denkbar. Einen Bezug zu meinem Leben konnte ich jedoch nicht herstellen. Hatte es auch nicht.
Wieder warteten die Kinder im Garten.
»Wir bilden zwei Gruppen«, sagte der Junge. »Abwechselnd wählt jeder von uns jemanden aus. Du beginnst!«
Noch immer wusste ich nicht, um was es ging, was für ein Spiel an diesem Tag anstand. Deshalb war mir auch nicht klar, ob Kraft oder Geschicklichkeit von Vorteil waren. Ich beschloss, eine gut gemischte Gruppe zusammenzustellen.
Zuerst wählte ich einen schlaksigen, aber kräftigen Jungen. Als ich erneut an der Reihe war, ein kleines Mädchen, das mir sehr

flink zu sein schien. Danach ein größeres Mädchen und zum Schluss noch einen Jungen. Dann waren alle Kinder aufgeteilt und jede Gruppe verfügte über fünf Mitspieler.

Der Junge führte uns über die Wiese. In der Mitte befand sich eine morastige Pfütze. Ein Seil, fast identisch mit demjenigen im Museum, lag ausgerollt auf der Wiese, die rote Markierung genau in der Mitte der Pfütze. Auf beiden Seiten der Wasserlache befanden sich in gleichen Abständen je zwei Streifen aus Sägemehl, die beiden inneren jeweils an deren Enden.

»Heute üben wir uns im *Tauziehen*«, sagte der Junge. »Jede Mannschaft stellt sich an ein Ende des Seils und jeder hält es mit beiden Händen fest. Zu Beginn darf der äußere Sägemehlstreifen von keinem Mitspieler überschritten werden. Wenn ich ›Los‹ sage, wird gezogen. Die Gruppe, deren erstes Mitglied über den inneren Sägemehlstreifen gezogen wird, hat verloren.«

Ich nickte, die Kinder grinsten. Die Spielregeln kamen mir nicht besonders schwer vor.

»Gut«, sagte ich, an meine Gruppe gewandt. »In welcher Reihenfolge stellen wir uns auf?«

»Du stehst natürlich vorne«, sagte das kleine Mädchen. »Es ist dein Spiel!«

Die Kinder grinsten noch breiter.

Ich hätte es als sinnvoller empfunden, wenn wir uns der Größe nach, die Kleinsten vorne und die Größten hinten, aufgestellt hätten. Aber ich zweifelte nicht daran, die Kinder wussten bestimmt besser, was richtig war. Wahrscheinlich hatten sie das Spiel schon hundert Mal gespielt.

»An das Seil, Leute!«, rief der Junge.

Wir griffen das Seil und brachten uns in Position. Das Tau hob sich aus dem Wasser und kam auf Spannung.

»Auf die Plätze – fertig – los!«

Sofort wurde ich einen Schritt nach vorne gerissen. Ich spürte, wie die anderen Kinder folgten. Der Junge, der in der gegnerischen Gruppe ganz vorne stand, grinste.
Denen werde ich es zeigen, dachte ich und stemmte mich mit aller Kraft in den Boden. Mein Oberkörper sank nach hinten und ich verspürte das Gefühl, genau die richtige Technik anzuwenden. Obwohl ich es nicht sehen konnte, wusste ich, dass die Kinder hinter mir es ebenso machten. Und wir schienen erfolgreich zu sein: Zentimeter für Zentimeter schafften wir es in winzigen Trippelschritten, die gegnerische Mannschaft in Richtung der Pfütze zu ziehen.
Als sich der Junge schon kurz vor der inneren Grenzlinie befand, stieß er völlig unerwartet einen fürchterlichen Schrei aus. Ich erschrak so sehr, dass ich für einen kurzen Moment das Ziehen versäumte. Diesen Augenblick nutzten unsere Gegenspieler, um das Seil mit einem kräftigen Ruck anzuziehen. Ich stolperte ein paar Schritte nach vorn, um dann mit einem kräftigen Platscher kopfüber in die morastige Pfütze zu fallen. Die Kinder lachten, als ich mich schmutztriefend erhob. Zuerst war ich nahe daran, wütend zu werden. Doch dann wischte ich mir den Schlamm aus dem Gesicht und stimmte in ihr Lachen ein.
»Noch eine Runde?«, fragte der Junge.
»Klar doch!«, rief ich und wir zogen den ganzen Nachmittag am Tau, bis alle genauso schmutzübersät ausschauten wie ich.
»So, ihr Dreckspatzen«, sagte der Junge irgendwann, »ich glaube, wir sollten aufhören. Und du musst zusehen, dass du den Bus nicht verpasst!«
Die letzten Worte waren an mich gerichtet.
»Den Bus?«, fragte ich ungläubig. An den hatte ich gar nicht mehr gedacht. »So schmutzig kann ich unmöglich mit dem Bus fahren.«
»Das haben wir gleich«, rief ein Mädchen. »Klatschnass bist du sowieso. Sind wir doch alle!«

Dann griff sie zum Gartenschlauch und spritzte uns so lange ab, bis der gröbste Schmutz verschwunden war.
Der Busfahrer blickte mich fragend an, als ich mit triefenden Kleidern das Fahrzeug bestieg. Aber wie üblich schwieg er.
Ich setzte mich auf meinen Stammplatz und schaute aus dem Fenster. Die Kinder winkten mir nach, bis sie außer Sichtweite gerieten. Ich spürte, wie Tränen über meine Wangen liefen. Es war der schmutzigste und zugleich glücklichste Tag in meinem Leben.

9

Zum ersten Mal verließen wir zum Spielen den Garten. Der Junge führte uns die Straße hinab, weit weg vom Dorf. Nach etwa zwanzig Minuten gelangten wir an den Fluss. Er hatte an dieser Stelle eine weite Schleife in die Landschaft gegraben und auf der Sandbank, die wir nun betraten, Unmengen an Sand, Kies und Geröll abgeladen. Das gegenüberliegende Ufer stieg steil an und war mit mächtigen, silberglänzenden Weiden bestanden, die sich im träge dahinfließenden Wasser des Flusses spiegelten.
»Sucht euch möglichst flache Steine«, rief der Junge. »Nicht zu groß, aber auch nicht zu klein.«
Die Kinder schienen zu wissen, was er vorhatte. Ich dagegen hatte keine Vorstellung. Aber ich erinnerte mich an den Stein in der Vitrine, den wir vor knapp einer Stunde begutachtet hatten.
»Das ist ein besonderer Stein«, hatte der Junge gesagt.
Mir dagegen erschien er vollkommen gewöhnlich. Ein Kieselstein, grau, flach und auf dem weiten Weg vom Gebirge hinab ins Tal glatt geschliffen, wie sie zu Tausenden an jedem Bachufer herumlagen.

Doch wie so oft in diesem Museum schien mir auch hier der Blick für das Ungewöhnliche des Gewöhnlichen zu fehlen. Womöglich hatte mich diese Unschärfe in der Wahrnehmung mein ganzes Leben hindurch begleitet und mir vieles vorenthalten, das meinen Alltag schöner und reicher gemacht hätte. Aber ich will nicht jammern, denn so wie es aussieht, ist mir zumindest am Ende meines Lebens der Blick auf das Wesentliche noch vergönnt. Ein Umstand, der nicht jedem Menschen zukommt.
Der Junge knuffte mich in den Oberarm.
»Wir sind zum Steinesuchen hier, nicht zum Träumen!«
Ich nickte und machte mich auf die Suche. Bald hatte ich ein gutes Dutzend, die dem ausgestellten Stein, was Form und Größe anbelangte, sehr ähnlich waren. Mit meiner Ausbeute in den Taschen gesellte ich mich zu den Kindern, die bereits an der Wasserlinie am Ufer standen.
»Ihr kennt das Spiel«, sagte der Junge.
Die Kinder nickten, ich schüttelte den Kopf.
»Jeder wirft einen Stein so flach wie möglich über das Wasser. Der, dessen Stein am häufigsten hüpft, hat gewonnen.«
Dann blickte er mich an.
»Ich mache es dir vor.«
Mit diesen Worten klemmte er einen Stein mit der flachen Seite zwischen Daumen und Zeigefinger der rechten Hand, holte mit dem Arm weit aus und warf ihn halb gebückt, den Oberkörper zur Seite geneigt, übers Wasser. Seine Hand befand sich etwa einen halben Meter über der Kiesbank, als er den Stein losließ. Dieser traf in flachem Winkel auf das Wasser, prallte ab, erhob sich wieder, berührte erneut die Wasseroberfläche, …
»Eins – zwei – drei – vier – fünf – sechs – sieben – acht – neun – zehn – elf!«, zählte ein Mädchen. »Elfmal! Du hast es elfmal geschafft!«

Es hatte herrlich ausgesehen, wie der Stein übers Wasser hüpfte, so elegant und leicht, beinahe schwerelos wie eine Ballerina. Und es schien so einfach ...
»So, jetzt bist du dran!«, rief der Junge.
Ich kramte einen Stein aus meiner Hosentasche und nahm ihn zwischen die Finger, wie ich es bei dem Jungen gesehen hatte. Konzentriert drehte ich meinen Oberkörper nach hinten und holte aus. Während mein Arm wieder nach vorne schnellte, versuchte ich ihn so schräg wie möglich zu halten. Dann öffnete ich die Finger und der Stein jagte davon.
»Plopp!«, schmatzte der Fluss und sandte ein paar ringförmige Wellen an der Stelle aus, an welcher der Stein untergegangen war.
Die Kinder lachten.
Ich spürte, wie mir die Röte ins Gesicht stieg; ich hatte keinen einzigen Hüpfer hinbekommen.
Dann waren die anderen Kinder an der Reihe. Alle schafften sie mehr als ich: eines drei, manche vier oder fünf, ein Junge sogar acht.
»Nächste Runde!«, rief das große Mädchen. »Der Verlierer darf anfangen ...!«
Wieder nahm ich einen Stein und versuchte ihn hochkonzentriert zu werfen. Zweimal erhob er sich über das Wasser, bevor er eintauchte. Die Kinder applaudierten. Obwohl auch in dieser Runde alle Kinder besser warfen, konnte ich einen gewissen Stolz nicht leugnen.
Runde um Runde spielten wir weiter und ich verbesserte mich zusehends. Ich bekam ein Gefühl für das Werfen und bald schon bewegte ich mich im Mittelfeld. Und nachdem uns die Steine ausgegangen und wir neue gesammelt hatten, gelang mir mein persönlicher Rekord: Neun Hüpfer! Auch der Junge, der immer am besten abgeschnitten hatte, schaffte in dieser Runde nicht mehr. Gleichstand!

Glücklicherweise kam es bei diesem Spiel nicht darauf an, möglichst weit zu werfen, sondern möglichst viele Hüpfer des Steins auf der Wasseroberfläche zu erreichen. Aber vielleicht war es gerade das, was das Spiel so interessant machte: Nicht Kraft, sondern Konzentration und Geschick waren gefragt. So hatten auch die kleineren oder weniger kräftigen Kinder eine Chance, zu gewinnen. Und tatsächlich war es an jenem Nachmittag jedem der Mitspieler wenigstens einmal gelungen, neun oder mehr Hüpfer zu erreichen.

Die untergehende Sonne tauchte den Horizont bereits in ein rötliches Licht, als vom Dorf her ein energisches Hupen zu hören war.

»Dein Bus!«, sagte der Junge. »Das war es dann wohl für heute.«

Die Gesichter der Kinder strahlten glücklich, während wir ins Dorf zurückmarschierten. Sie winkten dem Bus hinterher, bis er außer Sichtweite geriet. Und auch ich habe diesen herrlichen Nachmittag niemals vergessen.

10

An vielen Tagen, besonders wenn die Sonne vom Himmel strahlte, standen einige der Kinder bereits im Garten der Villa und begrüßten mich, wenn ich vom Bus kam. Sie freuten sich auf ein Spiel und ich freute mich über ihre Freude. Doch wie immer musste zuallererst das Ritual im Museum erledigt werden. Den Gesichtern der Kinder war anzusehen, dass sie genauso gespannt waren wie ich, welches Spiel der Junge an diesem Tag auswählen würde. Es gab so viele Spiele, von denen ich nichts wusste – gewusst hatte –, obwohl sie vielleicht gar nicht so außergewöhnlich waren und gewiss ständig in meiner Umgebung gespielt worden waren. Aber ich hatte sie nie bewusst wahrgenommen und so erschienen sie mir vollkommen neu.

Manchmal, wenn es regnete, spielten wir unter dem Vordach der Veranda oder in einem der vielen Zimmer des Hauses. *Schwarzer Peter, Stadt – Land – Fluss, Mensch ärgere dich nicht* und wie sie alle hießen. Meist aber beschäftigten wir uns im Freien und ich staunte, wie viele Spiele es gab, zu denen man nichts brauchte. Allein die Spieler genügten.

Die Vitrine, die wir an diesem Tag besichtigten, war leer. Ein leises Fauchen tönte von irgendwoher. Wie von einem fernen Orkan, der wütend an den Fensterläden eines Hauses rütteln will, dann aber feststellt, dass sie längst verschwunden sind.

»Was ist mit dieser Vitrine?«, fragte ich den Jungen. »War sie schon immer leer oder hat jemand den ausgestellten Gegenstand gestohlen?«

Spuren, die auf eine gewaltsame Öffnung hindeuteten, waren nirgendwo festzustellen. Der Schaukasten befand sich in tadellosem Zustand. Nicht ein Staubkörnchen war auf den Glasscheiben zu erkennen, als wären sie eben erst gereinigt worden.

Der Junge grinste, wie er es immer tat, wenn ich eine besonders dumme Frage stellte.

»Sehen Sie denn nicht, was hier gezeigt wird? Das Ausstellungsstück symbolisiert das vielleicht wichtigste Spiel, das von allen Kindern dieser Welt gespielt wird«.

Doch ich erkannte nichts. Vor mir befand sich eine gläserne, vollkommen leere Vitrine. Zumindest, wenn man von dem dunkelblauen Samt absah, mit welchem der Boden ausgelegt war.

»Ihre Fantasie scheint nicht sehr ausgeprägt zu sein«, sagte der Junge. »Dass Sie etwas so Einfaches nicht erraten …«

Doch ich löste das Rätsel, das so mühelos aufzulösen sein sollte, nicht. Die Vitrine war leer. Ab und zu glitt das fauchende Geräusch des Windes durch den Raum. Manchmal meinte ich, scharrende Hufe zu hören. Wie von einem wilden Stier, der darauf wartet, endlich losrennen zu dürfen.

Der Junge fasste mich an der Hand und zog mich nach draußen. Unter der alten Eiche, die einen Großteil des Eingangsbereiches zum Garten überschattete, warteten die Kinder, die mich schon zuvor ausgelassen begrüßt hatten. Sie standen immer bereit, wenn der Junge mir etwas zeigte, für das zwei Spieler zu wenige waren.
»Da seid ihr ja endlich!«, rief ein kleines Mädchen. »Wir warten schon eine ganze Weile.«
Obwohl sie in meiner Nähe stand, klang ihre Stimme unendlich weit entfernt. Als wurzelte sie in einer anderen Zeit. In diesem Moment wurde mir klar, dass das auf alle Kinder zutraf: Sie entstammten einer anderen Zeit!
Nur bei dem Jungen war ich mir nicht sicher.
Der Junge erklärte das Spiel. *Fangen.* Die Kinder langweilten sich, wahrscheinlich hatten sie es schon tausend Mal gespielt und kannten die Regeln. Für mich aber waren sie wie immer neu.
»Du bist der Fänger!«, sagte der Junge. »Du zählst bis zehn, dann darfst du loslaufen. Sobald du jemanden abschlägst, fällt diesem die Rolle des Fängers zu! Und du musst zusehen, dass du aus seiner Reichweite kommst.«
Ich begann zu zählen.
»..., acht, neun, zehn. Ich komme!«
Ich rannte los. Nicht weit von mir stand ein Mädchen. Doch kaum war ich in seiner Reichweite, war es auch schon verschwunden. Ein Junge – weg! Ein anderes Mädchen – fort! So sehr ich mich bemühte, die Kinder waren schneller.
Nachdem ich eine Weile erfolglos versucht hatte, eines der Kinder zu erhaschen, wurden sie mutiger. Sie kreisten mich ein, sprangen auf mich zu, in Sekundenschnelle wieder weg. Sie waren unheimlich flink. Doch dann passte der Junge nicht auf und ich erwischte ihn an der Schulter.
Die Kinder grölten und applaudierten.

»Komm mit!«, riefen sie mir zu, und ich folgte ihnen.
Der Junge hechelte hinter uns her, versuchte, jemanden abzuklatschen, bis das nächste Kind zum Fänger wurde. So verbrachten wir den Nachmittag und am Ende waren wir alle vollkommen außer Atem und zufrieden.
»Hat jemand Hunger?«, fragte der Junge.
»Ja, ich, ich, ich …«, riefen alle durcheinander.
»Von meiner Mutter!«, sagte der Junge und verteilte eine Runde gezuckerte Butterstullen.
Sie schmeckten köstlich. Ich aber konnte mich nicht daran erinnern, wann ich das zum letzten Mal gegessen hatte. Es musste wohl beinahe achtzig Jahre zurückliegen und war damals etwas ganz Besonderes.

11

Es war bereits Spätherbst, der Winter stand vor der Tür. Der eisige Geruch der ersten Schneewolken lag in der Luft. Ich weiß nicht, ob ein besonderes Talent dazu erforderlich ist, aber ich konnte den Winter immer schon riechen. Doch auch die nahenden kalten Tage hinderten mich nicht daran, meine regelmäßigen, zu einer angenehmen Gewohnheit gewordenen Ausflüge fortzusetzen.
An diesem Nachmittag verspätete sich der Junge. Der Bus war auf die Minute pünktlich wie immer, doch zum ersten Mal holte er mich nicht ab. Ratlos wartete ich an der Bushaltestelle und blickte zur Villa hinüber.
Über den herbstlich kahlen Apfelbäumen hingen zerfranste Nebelschwaden, die ihnen ein gespenstisches Aussehen verliehen. Noch drangen vereinzelte Sonnenstrahlen wie Spotlichter in einem Theater durch die wenigen Löcher der sich zusehends verdichtenden Wolkendecke. Soweit ich es erkennen konnte, brannte kein Licht. Ich überlegte, ob ich wie bei meinem ersten

Besuch einfach hinübergehen sollte. Aber etwas Nichtgreifbares hielt mich zurück. Ich war es gewohnt, mit dem Jungen zusammen hineinzugehen. Außerdem machte ich mir Sorgen. Der Junge war mir ans Herz gewachsen. Seit ich ihn kannte, war er nie zu spät gekommen. Weshalb heute? War etwas passiert?

Ich wusste es nicht.

Unruhig ging ich auf und ab, den Blick ständig auf die Dorfstraße oder zur Villa gerichtet. Aber der Junge war nirgendwo zu sehen.

Wieder fiel ein Sonnenstrahl wie ein Lichtzeiger aus dem Himmel und beleuchtete die Eingangstür der Villa. Ich wertete dies als Zeichen, mich doch allein auf den Weg zu machen. Vielleicht wartete der Junge ja in der Villa auf mich. Womöglich hockte er an einem der Fenster und fragte sich, weshalb ich nicht einfach herüberkam. Andererseits, er hätte auch rufen können. Soweit war die Bushaltestelle nicht entfernt, dass ich sein Rufen nicht gehört hätte.

Also machte ich mich auf den Weg. Inzwischen war die Sonne ganz verblasst. Ein kalter Regen hatte eingesetzt, tropfte von den kahlen Bäumen und spülte die letzten Nebelreste aus der Luft. Noch bevor ich die Villa erreicht hatte, war er in Schnee übergegangen.

Ich stieg die nassen Stufen hoch und betrat die Empfangshalle. Doch der Junge erwartete mich nicht. Ich trat ans Fenster und blickte auf die Straße hinab. Nichts!

Da ich nicht wusste, was ich tun sollte, kramte ich meine Notizen hervor. Kurz nachdem der Junge sich angeboten hatte, mir die Geschichte der einzelnen Exponate zu erläutern, hatte ich begonnen, alles aufzuschreiben. Jeden Tag war seither eine neue Geschichte hinzugekommen. Sollte die Seite, die für den heutigen Tag vorgesehen war, leer bleiben? Ausgerechnet heute, wo wir das letzte Exponat besprechen wollten? Nein, dachte ich und machte mich auf den Weg in das Zimmer, in dem ich dieses Ausstellungsstück finden würde.

Ich konnte mich nicht mehr erinnern, wie oft ich schon zu Besuch in der Villa gewesen war. Waren es Wochen? Oder gar Monate? Mir fehlte jede Vorstellung. Ich hätte einfach nur die Seiten der Kladde durchzählen müssen. Sie war ziemlich dick und beinahe vollgeschrieben. Aber dazu hatte ich keine Lust. Nicht jetzt! Meine Gedanken glitten über das Ausstellungsstück, das für diesen Tag vorgesehen war. Das Letzte. Ein Gänseblümchen. Ausgerissen und zwischen zwei Buchdeckeln gepresst und getrocknet. Dennoch leuchteten die Farben frisch und hell, als hätte sich das Pflänzchen eben erst durch die letzten Schneereste der Sonne entgegengearbeitet. Goldgelb strahlte das samtene Gesicht, umgeben von schneeweißen Blütenblättern.

»Das ist die Prüfung an deinem letzten Tag!«

Ich erschrak. Wo war der Junge so plötzlich hergekommen? Über meinen Gedanken hatte ich ihn überhaupt nicht bemerkt. Grinsend stand er neben der Vitrine.

So, als wäre nichts geschehen. Als hätte er sich nicht verspätet. Aber womöglich gehörte das zum Ritual des letzten Tages.

»Das Gänseblümchenspiel. Hast du es erkannt?«

Ich schüttelte den Kopf.

»Es gibt viele Varianten, dieses Spiel zu spielen. Gute und schlechte. Und ganz schlechte. Finde heraus, welches die Gute ist. Die Beste. Dabei kann ich dir nicht helfen. Dein letztes Spiel musst du alleine spielen. Nur mit dir selbst. Viel Glück!

Mit diesen Worten verschwand der Junge genauso schnell, wie er aufgetaucht war.

Ratlos saß ich vor der Vitrine.

Mein letztes Spiel!

Oder mein letztes *neues* Spiel?

Im Zimmer war es nun beinahe dunkel. Die dichter werdenden Schneewolken hatten sich noch weiter auf das Haus herabgesenkt. Möglicherweise war während meines Wartens auf den Jungen bereits die Dämmerung über den Tag hereingebrochen? Ich starrte auf das goldene Gesicht des Gänseblümchens, das in der zunehmenden Dunkelheit zu glühen begann. Wie eine wirkliche, kleine Sonne. Gänseblümchen hatte ich schon immer geliebt, soweit ich zurückdenken kann. Doch niemals war ich auf die Idee gekommen, mit ihnen zu spielen. Was auch?
Inzwischen war draußen vollkommene Dunkelheit eingekehrt. Längst hätte ich zurück sein müssen im Pflegeheim. Vermutlich hatte der Busfahrer lange gehupt, wie er es immer tat, wenn ich mich verspätet hatte. Ich selbst nahm es meist nicht wahr, doch der Junge machte mich stets darauf aufmerksam. An diesem Tag aber war er nicht da. Bestimmt war der Bus längst abgefahren und wahrscheinlich würde mich auch niemand vermissen. Diesen alten, ausgemergelten Mann, der zu nichts mehr nütze war. Wobei der Körper ja noch dort war.
Das Gänseblümchen zwinkerte mir zu. Jedenfalls schien es mir so. Doch an Einbildung glaubte ich schon lange nicht mehr. So viele Dinge waren in den letzten Monaten geschehen, für die ich keine Erklärung fand. Und dennoch fühlten sie sich so wirklich an. Ich zähle sie zu den schönsten Erfahrungen in meinem Leben.

12

Ich erinnere mich nicht mehr, wie lange ich in der Dunkelheit der alten Villa gesessen hatte, zur Gesellschaft einzig das zarte Leuchten des Gänseblümchens.
Das Gänseblümchenspiel!
Auch hatte ich keine Vorstellung, was der Junge für ein Spiel meinte. Das Einzige, das mir in den Sinn kam, wenngleich ich

es selbst nie gespielt hatte, zählte sicher zu den schlechten. Den ganz schlechten. Oft wurde es von Mädchen gespielt. Sie saßen unter einem Baum oder auf einem Steg, vielleicht die Beine über dem kühlen Wasser eines glucksenden Bachs baumelnd, hielten ein Gänseblümchen in der Hand und zupften die weißen Blütenblätter einzeln aus: ›Er liebt mich – er liebt mich nicht – er liebt mich – …‹. Traurig rieselten sie wie nasse Schneeflocken auf die Wasseroberfläche hinab, um vom Fluss davon getragen zu werden.

Meist brachte das Gänseblümchen keine guten Nachrichten. Jedenfalls war der Geliebte Tage später noch immer fern. Doch das lag wohl kaum am Gänseblümchen.

Ohne Frage war das nicht das Spiel, das ich spielen wollte. Wenn es überhaupt ein Spiel war. Das Gänseblümchen durfte nicht zu Schaden kommen. Nur dann konnte es ein gutes Spiel sein.

Vielleicht war ich irgendwann eingeschlafen. Als ich erwachte – oder war es ein Tagtraum? –, befand ich mich mitten in dem Spiel, das mir trotz stundenlangen Nachdenkens nicht hatte einfallen wollen.

Was das Spiel von allen anderen, die ich bis dahin kennengelernt hatte, unterschied, war der Umstand, dass es weder mit Kindern noch Tieren, auch nicht mit Erwachsenen gespielt wurde. Einzig Gänseblümchen waren die Spielkameraden. Der Rasen unter meinen nackten Füssen fühlte sich flauschig weich an, wie ein aus edler Wolle geknüpfter Teppich. Manche Menschen hätten ihn wohl als vollkommen bezeichnet, wären die zahlreichen Gänseblümchen mit ihren neckischen, goldgelben Köpfchen nicht gewesen, die ihre Gesichter der Sonne zuwandten. Für mich waren es die Gänseblümchen, die ihn vollkommen machten.

In meinem Traum zog sich der Winter bereits zurück. Und ich spielte mit den Gänseblümchen im Schnee. Es mag seltsam anmuten, aber die Gänseblümchen sind auch im Winter da. Oder ganz besonders im zeitigen Frühjahr, wenn ein jäher Wetterumschwung frischen Schnee über eine Frühlingswiese jagt. Manchmal bedeckt er sie mit einer flauschigen Decke aus winzigen Eiskristallen und die Gänseblümchen harren darunter aus, bis die Sonne sie mit ihren wärmenden Strahlen wieder hervorleckt.

Auch an jenem Tag, von dem ich erzählen will, hat ein später Wintereinbruch die Gänseblümchen unter sich begraben. Es hatte nicht viel geschneit, aber immerhin genug, um die Köpfe der Blumen vollständig zu bedecken.

»Wo seid ihr?«, rief ich, obwohl ich es wusste, denn der Platz an dem sie wuchsen, war mir vertraut, wie keiner sonst. Es war ein Spiel: Sie versteckten sich und mir fiel die Rolle zu, sie zu suchen. Behutsam hielt ich meine zu einer Höhle geformten Hände über den Fleck, wo ich ihre Blüten vermutete. Durch die abstrahlende Wärme sollte der Schnee abschmelzen, Millimeter für Millimeter ihre zarten Köpfchen freigeben. Ich war der Fänger und zugleich der Befreier.

»Hallo«, hauchte das erste Blümchen, dessen Kopf ich freigelegt hatte, mit schüchterner Stimme. Eine blasse Röte breitete sich in dem gelben Gesicht aus, als ob es sich schämte, dass es das Erste war, das ich erwischt hatte.

Obwohl Gänseblümchen nicht laufen können, haben sie etwas Gazellenhaftes. Filigran und neugierig erwecken sie den Eindruck, als könnten sie jeden Augenblick in weiten Sätzen davonspringen. Und womöglich tun sie das auch.

Doch meine Gänseblümchen sprangen nicht davon. Eines nach dem anderen holte ich aus dem Schnee hervor. Als ich das Letzte vom Winter befreit hatte, stand die Sonne schon hoch am Himmel und leuchtete mit den gelben Gesichtern der Gänseblümchen um die Wette.

Ein Gedanke, der mich wie eine Eingebung überkam, war, dass die Spiele, die jemand allein spielt, in Wirklichkeit Träume sind. Oder – noch besser – die Träume Wirklichkeit. Vielleicht war das die Erkenntnis, die der Junge erwartete. Dass Träumen eines der schönsten Spiele ist? Das Schönste gar? Natürlich konnte man das nur alleine spielen.

13

»Heute haben Sie aber lange geschlafen«, sagt die Schwester, als ich erwache.
Sofort fällt mir mein Traum ein, in welchem ich über all das nachgedacht hatte, was in den letzten Monaten geschehen war. Wie ein Film flimmert dieser letzte Abschnitt meines Lebens vor meinem inneren Auge vorüber: Meine Ausflüge durch das blaue Viereck, die Busfahrten, die Villa, der Junge, die Kinder, die Spiele. Doch das Ergebnis meiner Traumgedanken erscheint mir auch jetzt – im wachen Zustand – unwirklich:
Meine Ausflüge.
Mein Spiel.
Mein Nichtspiel.
Meine Kindheit.
Die Villa, die vielleicht gar keine war.
Das Haus, das ich seit meinem ersten Besuch in meinen Gedanken als die *Villa* führte, erschien mir fremd und vertraut zugleich. Oft hatte ich das Gefühl, jede Ecke bis ins kleinste Detail zu kennen, und dann wiederum wusste ich nicht, was das Haus mir mitteilen wollte. Falls das überhaupt seine Absicht gewesen sein sollte. Weshalb sollte ein Haus jemandem etwas anvertrauen wollen? Und weshalb ausgerechnet mir?
Doch je länger ich grübelte, umso mehr verlor das Haus viele Eigenschaften, die ich einer Villa zuordnen würde. Womöglich

war es ein vollkommen gewöhnliches Haus, vielleicht ein Bauernhof oder ein Mietshaus oder ...

Weshalb nur erinnere ich mich nicht mehr an das Haus, in dem ich aufgewachsen war? Beinahe zwei Jahrzehnte meines Lebens hatte ich dort verbracht, aber in meiner Erinnerung wirkt es wie ausgelöscht. Wie so vieles andere auch. Mein ganzes verflossenes Leben erscheint mir so abstrakt, dass es mir schwerfällt, es für real zu halten. Vielleicht war es umgekehrt: Womöglich waren meine Träume real und mein Leben unwirklich?

Die Schwester hält mir einen Spiegel vors Gesicht. Vielleicht soll ich mich kämmen. Oder rasieren. Das Wenige, das ich mit meinen schwachen, gichtbefallenen Händen noch tun kann. Doch das Gesicht, das daraus hervorschaut, trägt keinen Bart. Nicht eine Stoppel. Es ist glatt wie ein polierter Apfel. Es gehört nicht mir. Es ist das des Jungen, der mich bei meinen Streifzügen durch die Villa geführt hatte. Mir altem Mann zu erklären versuchte, was nur Kinder verstehen. Und plötzlich fällt es mir wie Schuppen von den Augen: Der Junge war *ich*. Ich hatte vor der Villa die Spiele gespielt, die *ich* in meiner Kindheit nie gespielt hatte. Und gleichzeitig wird mir klar, dass das Museum einzig für *mich* existiert hatte. *Das Museum der nie gespielten Spiele!* Niemand sonst hatte Zugang. Das Museum war meine Vergangenheit. Meine verlorene Kindheit. Woran niemand Schuld trug. Ich selbst hatte sie verloren, weil ich sie nie gesucht hatte. Nie vermisst hatte. Das Museum zeigte die Spiele, die *ich* nie gespielt hatte. Womöglich gibt es auch für andere Menschen persönliche Museen, die ihnen offenbaren, was sie in ihrem Leben verpasst haben.

Zufrieden lasse ich meinen Kopf ins Kissen sinken und schließe die Augen. Endlich habe ich das letzte Rätsel, das das Leben mir stellte, gelöst!

Dann blicke ich zum Fenster, das die Schwester geöffnet hatte, bevor sie den Raum verließ. Das blaue Viereck weist dasselbe wunderbare Blau auf wie an jenem Tag vor genau einem Jahr, an dem ich das Zimmer zum ersten Mal auf diesem Weg verließ. Ich spüre, wie sich ein glückliches Lächeln auf meine Züge legt, mein Gesicht sich entspannt. Es ist der Tag, an dem ich mein Lieblingsspiel das letzte Mal spielen werde. Ich werde mein Zimmer durch das blaue Viereck verlassen, das Gänseblümchenspiel spielen und nicht mehr in meinen Körper zurückkehren, der hilflos an dieses Bett gebunden ist. Heute werde ich nach einem letzten Spiel dahin zurückkehren, wo ich einst hergekommen war ...

Der letzte Sommer

Julia Kersebaum

.

Zwischen den Häusern die Felder. Grün im Frühjahr, gelb im Sommer, im Winter braun und weiß.

In abgeschnittenen Jeans und verwaschenen T-Shirts laufen wir durch den Mais, scharfkantige Blätter auf der Haut. Ich fand es besser, als noch Roggen angebaut wurde. Als man über die buschigen Enden der Pflanzen hinweg noch die Dächer der Häuser sehen konnte.

Inmitten der Maisfelder ab und zu ein Moment des Schreckens. Wenn Charlie hochspringt, kann er über den Blätterwald hinweg das rote Dach der Emmersons sehen. Wenn Charlie nicht dabei ist, knie ich mich hin, meine Hände in der feuchten Erde, und Kyle steigt auf meine Schultern. Wie ein Teleskop richten wir uns auf. Kyles blonder Haarschopf im Meer aus Grün. Er ruft: Auf drei Uhr.

Dann rennen wir weiter. Gen drei Uhr. Bis zum nächsten Schreckmoment. Bis wir uns wieder an das Geräusch erinnern, als letzten Sommer der Mähdrescher aus dem Nichts aufgetaucht ist.

Von der Farm der Emmersons laufe ich an der Straße entlang zu unserem Haus. In der staubigen Einfahrt die Autos meiner Eltern. Glänzender Lack, saubere Scheiben. Stadtautos. Ich wünschte, vor unserem Haus würde auch ein Traktor stehen, auf dem ich üben könnte. So wie die anderen Kinder.

Aber ich bin anders. Wir sind anders.

Unsere Farm ist die kleinste. In einem Umkreis von ein paar hundert Meilen. Der Vater des Vaters meiner Mutter hat sie erbaut. Ein gedrungenes Haus aus ungleichen, rot schimmernden Steinen.
Meine Mutter sagt: Man hat zwar nicht viel Platz, aber zumindest kann es nicht weggeweht werden.
Sie deutet dabei über das Feld der Johnsons zu deren ausladender Farm. Weißgetünchtes Holz. In den letzten Jahren mussten sie nach der Sturmsaison immer irgendeinen Teil austauschen. Die Veranda hat es gleich zwei Mal erwischt. Nun ist sie moderner als der Rest des Hauses. Es sieht ein wenig seltsam aus. Passt aber zum Rest des Familienbesitzes.

Unsere kleine Farm liegt zwischen den Johnsons und den Emmersons. Nach und nach haben sie uns unsere Felder abgekauft. Nur ein kleiner Garten ist uns geblieben. Meinen Eltern reicht das – sie gehen in der Stadt arbeiten und haben keine Zeit, sich auch noch um die Felder zu kümmern.
Wenn meine Eltern im Garten graben, Beete anlegen oder Blumen pflanzen, sehen die Emmersons und die Johnsons ihnen mitleidig lächelnd dabei zu. Von ihren Traktoren aus.
Wir sind anders.
Als meine Mutter einen Hühnerstall haben möchte, beauftragt sie eine Firma, die ein Häuschen und einen Zaun in unseren Garten setzt. Unter den mitleidigen Blicken der Nachbarn steht mein Vater am Rand des Feldes und sieht dabei zu, wie unser Garten noch weiter schrumpft.
Als es den folgenden Winter über Wochen friert, holen meine Eltern die Hühner ins Haus.
Nun sind die Blicke nicht mehr mitleidsvoll, sondern ungläubig.
Den Johnsons erfrieren drei Schweine, den Emmersons ein Kälbchen. Unsere Hühner bauen ihre Nester im untersten Re-

gal des Wohnzimmerschrankes und kommentieren das abendliche Fernsehprogramm mit fröhlichem, warmem Gackern.
Wir sind anders und die Emmersons und die Johnsons beobachten uns neugierig, so als wären wir exotische Tiere im Zoo.

.

Als ihr auf die Farm der Petersons zieht, sind die Felder um das große, braune Holzhaus schon seit drei Jahren nicht mehr bestellt worden.
Das Geräusch des Umzugswagens lockt Charlie, Kyle und mich aus dem Maisfeld hervor.
Verstohlen stehen wir zwischen den Stauden und sehen euch zu.
Du trägst ein sonnengelbes Sommerkleid und dein Haar zu dicken Zöpfen gebunden. Als du die Straße hinabsiehst, erkennst du uns. Du winkst zaghaft. Kyle und Charlie fliehen kichernd ins Feld zurück. Als hätten sie noch nie ein Mädchen gesehen. Ich winke zurück. Ich würde gerne etwas rufen, aber ich traue mich nicht.
Dein Vater ist gute zwei Meter groß, breitschultrig, mit buschigen Augenbrauen und grimmigem Blick. Er sieht so aus, als könnte er einen Hühnerstall von Grund auf selbst bauen.

Abends am Esstisch erzähle ich von eurer Ankunft. In meinem Ohr Mr. Johnsons Stimme, die brummt: Dann verschwindet ja endlich dieses Chaos ... das war ja auch wirklich ein Elend.
Er meint den Anblick der unbestellten Felder. Mr. Peterson, euer Vorpächter, ist eines warmen Sommertages auf seinem Traktor eingeschlafen und nicht mehr aufgewacht. Ihm kann man keinen Vorwurf machen.

Über den Esstisch hinweg sagt mein Vater: Dann bekommt ihr ja ein neues Mitglied für eure Bande.
Ich schüttele den Kopf. Ich sage: Ist ein Mädchen.
Meine Mutter sieht mich ungläubig an. Sie sagt: Ich hätte dich nicht für so engstirnig gehalten.
Mein Vater zwinkert mir über den Tisch hinweg zu. Er flüstert: Deine Mutter war früher jeden Sommer in einer Gang mit Mr. Johnson und Mr. Emmerson.
Meine Mutter verdreht die Augen.
Ich versuche mir vorzustellen, wie meine Mutter mit Mr. Johnson und Mr. Emmerson durch die Felder rennt. Erfolglos.
Meine Mutter sagt: Ich möchte, dass du das Mädchen hier willkommen heißt.

Als meine Eltern am nächsten Morgen nach dem Frühstück zur Arbeit fahren, meine Mutter in die Bank und mein Vater in die Bibliothek, bürste ich mein Haar und mache mich auf den Weg, an der Farm der Emmersons vorbei, zu euer Farm hinüber.
Auf dem Weg lasse ich die Füße über den Boden streifen. Ich wirble Staub auf. Als ich auf eurer Veranda stehe, habe ich bis zu den Knien ganz weiße Beine.
Ich klopfe an eurer Tür und warte.
Du öffnest die Tür und schiebst das Fliegengitter soweit auf, dass wir uns direkt in die Augen sehen können.
Ich kann an dir vorbei ins Haus sehen. Dein riesiger Vater schiebt gerade einen Schrank von einer Ecke in die andere. Deine Mutter gibt ihm Anweisungen, ein Baby auf dem Arm. Innerlich seufze ich auf. Ich bin also immer noch das einzige Einzelkind in einem Umkreis von hundert Meilen.
Ich sage: Hallo ... ich wollte dich willkommen heißen.
Den Satz habe ich den ganzen Weg über immer wieder wiederholt. Jetzt glaube ich, keine anderen Wörter mehr zu kennen.
Ein Lächeln schleicht sich auf dein Gesicht. Du sagst: Danke.

Du streckst mit deine Hand hin und sagst: Ich bin Amy.
Ich nicke, schüttele deine Hand und sage: Brandon.
Aus dem abgedunkeltem Inneren eurer Farm taucht dein Vater auf und sagt: Gehörst du zu den Johnsons?
Ich schüttele den Kopf und deute auf unsere kleine Farm. Fast verschluckt von all dem Mais.
Dein Vater sagt: Ah.
Er verschwindet wieder. Ich sehe dich wieder an und sage: Wenn du Lust hast, kannst du mit uns spielen ...
Du lächelst. Wissend.
Dann sagst du: Ich bleibe heute lieber daheim.

.

Den ersten Sommer bleibst du auf eurer Farm.
Wenn wir uns zufällig begegnen, bist du nett und freundlich, aber zurückhaltend.
Am Ende des Sommers, als der neue Schulbusplan am Kühlschrank hängt und meine Eltern darüber streiten, wer mich wann zum Sport fahren kann, tauchst du vor unserem Haus auf und sagst: Ich habe gehört, du gehst auch in der Stadt zur Schule ...
Ich sage: Alle Kinder gehen in der Stadt zur Schule.
Du nickst nur und starrst auf deine Fußspitzen.
Ich sage: Ich kann dich abholen und wir gehen zusammen zum Bus, wenn du magst.
Als du wieder aufsiehst, lächelst du.

Charlies kleiner Bruder fährt in diesem Jahr das erste Mal mit uns im Schulbus. Er ist ein ungezügeltes Kind, so wie Charlies großer Bruder, der inzwischen im Süden auf eine Militärakademie geht.

Kyle und seine zwei Brüder, die bald mit der Schule fertig sind, warten schon vor dem Bushaltestellenschild, als wir ankommen. Du hast wieder dein gelbes Kleid an. Dein Haar weht in der lauen Sommerluft.
Charlies kleiner Bruder macht sich über dich lustig.
Ich sehe Charlie abwartend an. Bisher hat er immer eingegriffen, wenn sein kleiner Bruder über die Stränge geschlagen hat. Aber heute sagt er nichts. Heute ist er still. Betreten starrt er die Straße hinunter, dem Bus entgegen.

Als er endlich kommt, der Bus, liegen Charlies kleiner Bruder und ich im Staub und raufen uns. Die anderen steigen ein. Du sagst zögernd meinen Namen.
Ich sehe auf, drücke Charlies kleinen Bruder noch einmal mit der Nase in den Dreck und folge dir dann die Stufen hinauf in den Bus.
Wir sitzen bereits, als Charlies kleiner Bruder auf mehrfaches Rufen des Busfahrers hin, endlich aufsteht und einsteigt. Verheultes Gesicht, zerrissenes Hemd. Seinen Rucksack schleift er hinter sich den Gang entlang. Als er neben uns steht, sagt er: Das wirst du mir büßen.
Ich bin mir nicht sicher, wen von uns er dabei ansieht.

.

Die Wochen und Monate fliegen dahin. Es wird Herbst.
Als die Mähdrescher sich durch den Mais fressen und unser kleines Haus wieder auftaucht, machen wir einen Ausflug. Nur wir zwei.
Mit den Rädern fahren wir die Straße hinauf bis zum Waldrand und dann über einen Trampelpfad ans Wasser des Flusses.

Meine Mutter hat mir einen Picknick-Korb mitgegeben, und als ich die Decke ausbreite und dich einlade, dich hinzusetzen, sagst du: Du bist anders als die anderen.
Ich erröte.
Es hat lange gedauert, bis ich hier angekommen bin. Nach dem Umzug auf die Farm. Nach dem Auszug aus der Stadt.
Einen Sommer lang bin ich um Kyle und Charlie herumgeschlichen, habe Botendienste übernommen und ihnen Eis spendiert. Einen Sommer lang haben sie mich ertragen, bis ich endlich dazugehört habe.
Ich sage also: So anders bin ich gar nicht.
Du siehst auf das funkelnde Wasser des Flusses und sagst: Das ist nichts Schlechtes, Brandon.
Du bist immer noch nicht angekommen. Vielleicht willst du es auch gar nicht.

In der Sturmsaison nimmt eure Farm Schaden. Ihr braucht ein neues Dach. Vor dem Winter.
Die Johnsons müssen wieder die Veranda erneuern und den Emmersons ist eine Seite des Stalls abhandengekommen.
Alle packen mit an. Sogar meine Eltern.
Mein Vater steht mit seinem Hammer, an dessen Griff immer noch das Preisschild klebt, im Weg herum, meine Mutter backt und kocht für alle.
Auch das ein alljährliches Ritual.
Du fragst: Warum bauen sie nicht eine Veranda aus Stein?
Mr. Johnson ist abergläubisch und glaubt, wenn er nur die Veranda aus Stein baut, wird in der nächsten Saison das Haus wegfliegen. Das sage ich dir allerdings nicht. Ich zucke nur mit den Schultern.
Abends schauen wir bei uns daheim Fernsehen. Jeder ein Huhn auf dem Schoß.

Ich kann die Blicke meiner Eltern spüren. Aus der Küche heraus. Ab und zu höre ich sie tuscheln.
Dann fragst du: Gehen wir zusammen zum Winterball?

.

In meinem Sonntagsanzug, mit den Lederschuhen meines Vaters an den Füßen und einem Seitenscheitel, den meine Mutter mit einer Flasche Haarspray einzementiert hat, laufe ich über die Straße zu eurem Haus. Dieses Mal vorsichtig. Ich will keinen Staub aufwirbeln.
Dein Vater öffnet die Haustür und bittet mich herein.
Bevor du auftauchst, hält er mir eine Rede, was ich wann zu tun und zu unterlassen habe.
Ich nicke viel und versuche ihm in die Augen zu sehen. Er macht mir immer noch Angst.
Du trägst ein blaues Kleid, und flache Riemchenschuhe. Als deine Mutter ein Foto von uns beiden macht, nimmst du meine Hand.

An der Bushaltestelle treffen wir auf einen von Kyles Brüdern. Er nickt mir verschwörerisch zu und deutet auf dich. Er brummt: Hätte ich dir gar nicht zugetraut.
Im Bus nimmst du wieder meine Hand.
Auf dem Ball machen sie Fotos von uns. Wir tanzen, wir unterhalten uns.
Deine Freunde sind belesen, lustig, beliebt.
Ich füge mich ein. Überraschend leicht. Ich denke: Zu etwas war das Anders-Sein also doch gut.
Als es Zeit ist, nach Hause zu gehen, ziehst du mich unter einen Mistelzweig. Mit einem Finger deutest du hinauf. Ich starre auf das Bündel Grün, das von der Decke baumelt, und erröte.

Bei meinem ersten Kuss halte ich den Atem an. Ich halte die Augen ganz fest geschlossen. Mein Herz klopft in meinem Hals.

.

Zu Weihnachten bekommst du einen kleinen Hund geschenkt. Ein kleiner, tollpatschiger Hund mit abgeknickten Ohren, aus dem einmal ein Wachhund werden soll.
An einem frostigen, aber freundlichen Tag zwischen den Jahren gehen wir spazieren. Der Hund tollt vor uns her.
Als wir über die gefrorenen Felder in Richtung Wald spazieren, erkennst du Charlies kleinen Bruder, der aus dem Haus der Emmersons auf uns zu gerannt kommt. Du sagst: Lass uns da lang gehen.
Du deutest in die andere Richtung.
Wir laufen also in den Wald hinein. Unwegsames Gelände. Wir müssen deinen Hund ein Stück tragen. Dann am Fluss. Wir beobachten die Eisschollen, die sich am Rand gebildet haben.
Ich werfe ein paar Steine auf die glatte Oberfläche.
Dann eine Stimme. Du siehst alarmiert aus.
Charlies kleiner Bruder bricht durchs Unterholz zu uns auf die freie Fläche. Er sieht uns an. Wütend und mit hochroten Ohren.
Ich will irgendetwas Nettes sagen, aber mir fällt nichts ein.
Charlies kleiner Bruder sagt: Jetzt wissen wir alle, warum du mit der Schlampe abhängst.
Er macht Knutschgeräusche.
Ich bin nicht groß. Ich bin nicht kräftig. Aber ich bin größer und kräftiger als Charlies kleiner Bruder.
Als ich mich auf ihn stürze, fällt er ohne großen Widerstand um.
Ich bleibe auf ihm sitzen, meine Kniescheiben drücken gegen seine Brust. Ich schreie: Nimm das zurück!

Meine Stimme hallt im eisigen Wintertag.
Charlies kleiner Bruder sieht mich aus leeren Augen an.
Dann deine Hand an meiner Schulter. Du ziehst mich zurück und sagst: Lass ihn!
Ich stehe auf. Folge deiner Bitte widerstandslos.
Du ziehst mich das Ufer entlang. Weiter, den Fluss hinab.
Hinter uns rappelt Charlies kleiner Bruder sich wieder auf. Er wirft einen Stein nach uns, der uns knapp verfehlt.
Ich drehe mich wieder um. Ich will auf ihn zulaufen. Dein kleiner Hund kommt mir zuvor. Laut bellend. Charlies kleiner Bruder hat seine innersten Instinkte geweckt.
Mit hohler Stimme sagst du: Der will nur spielen.
Charlies kleiner Bruder verpasst deinem Hund einen gezielten Tritt. Der Hund fliegt. Betäubt. Plötzlich unglaublich still. Dann ein Platschen.
Du schreist auf, als das braune Fell im eisigen Wasser verschwindet.
Ich renne los. Ich stoße Charlies kleinen Bruder beiseite. Als ich das Ufer hinabrutsche, kann ich ihn fallen hören. Ein seltsames Geräusch.
Aber ich halte nicht inne. Ich renne mit brennender Lunge, schlittere auf rutschigen Blättern. Dann das Brechen des Eises. Meine Füße werden augenblicklich eiskalt.
Ich lasse mich nach vorne fallen. Meine Hände und Arme im Wasser des Flusses. Ich packe den Hund, bevor er an mir vorbeitreiben kann. Ich ziehe an seinem Halsband. Ziehe mit aller Kraft.
Meine Jacke saugt sich voll wie ein Schwamm.
Als ich den Hund ans Ufer werfe und selbst hinterher springe, habe ich alle Kraft verloren. Auf Knien ziehe ich das braune Fellbündel heran. Der Hund wimmert. Sein Maul hängt schlaff hinab.

Ich ziehe die eiskalte, nasse Jacke aus und stehe mit klappernden Zähnen auf. Du streckst mir deine Hand entgegen und ziehst mich die Böschung hoch.
Tränen auf deinen Wangen.
Ich zittere so sehr, dass ich dich kaum mehr sehen kann.
Ich sage: Wir müssen ihn nach Hause bringen.
Du nickst.
Ohne einen Blick zurück laufen wir los. Durch den Wald, über die Felder. Braun, mit einer Schicht Weiß. Im eisigen Wind gefriert das Wasser auf meiner Haut. Meine Finger zwischen dem Hundefell sind blau angelaufen.
Wir rennen durch den kleinen Garten meiner Eltern und stolpern durch die Küchentür.
Meine Mutter lässt vor Schreck fast einen Teller fallen. Federn in der Luft. Wir haben die Hühner aufgeschreckt.
Ich kann vor lauter Zähneklappern nicht mehr sprechen.
Du nimmst mir den Hund ab. In deinen Armen sieht er noch jämmerlicher aus.
Meine Mutter packt mich an der Schulter und schreit: Raus aus den Klamotten.
Als hätte das Wasser mein Hörvermögen geschädigt.
Dann begutachtet sie den Hund. Sie wickelt ihn in eine Decke. Als sie dich ansieht, ist sie plötzlich ganz ernst. Sie sagt: Ich glaube, da können wir nicht mehr viel tun.
Vor meinem inneren Auge sehe ich Mr. Emmerson das erfrorene Kälbchen auf die Ladefläche seines Wagens werfen.
Meine Mutter sagt: Wir sollten ihn erlösen …
Sie sieht dich an, als erwarte sie eine Reaktion. Du brichst in Tränen aus. Deine Finger graben sich tiefer in das nasse Fell.
Mein Vater kommt, angelockt von den Stimmen und dem Tumult, in die Küche und es dauert nur den Bruchteil einer Sekunde, bis er zu seinem unpraktischen Selbst zurückgefunden hat.

Während ich unter einer Decke versuche mich mit steifen Fingern aus den Klamotten zu schälen, sagt mein Vater: Das wollen wir doch erst einmal sehen.
Er nimmt dir den Hund, der kaum mehr geradeaussehen kann, ob vor Schmerz, oder vor Kälte, aus dem Arm, trägt ihn davon und lässt uns drei in der Küche zurück.

.

Unter dem heißen Wasserstrahl der Dusche fühlt meine Haut sich an, als würde sie bersten.
Ich bin knallrot, als ich mich zaghaft abtrockne.
Meine Zähne klappern immer noch.
In trockener Jeans und T-Shirt steige ich wieder die Treppe hinab ins Wohnzimmer.
Meine Mutter sitzt auf der Couch und sieht zu mir hinauf. Sie reicht mir eine Tasse Kakao und einen Teller Suppe.
Meine Zähne schlagen erst gegen das Porzellan, dann gegen das Blech des Löffels.
Mit ruhiger Stimme sagt sie: Das war sehr leichtsinnig von dir
Ich nicke nur.
Ich spähe aus dem Fenster, zu eurem Haus hinüber. Die Dunkelheit hat die Felder zwischen uns verschluckt.

Mein Vater kommt erst wieder, als die Nacht bereits hereingebrochen ist. Er bleibt zuerst vor eurem Haus stehen.
Im warmen Licht eurer Verandalampe kann ich ihn mit deinem Vater diskutieren hören.
Dann fährt er weiter. Vor unserer kleinen Farm parkt er ein, geht um den Wagen herum und holt von der Rückbank ein Bündel.
Ich öffne ihm die Tür.

Der kleine Hund hat ein felloses, narbiges Kinn. Er atmet schwer.
Mein Vater legt den Hund auf die Couch, meine Mutter muss dafür weichen. Als er uns ansieht, sagt er: Dieser grobe Mensch nebenan will ihn nicht mehr haben.
Meine Mutter muss lächeln. Sie klopft meinem Vater auf die Schulter und sagt: Nicht jeder hat so ein großes Herz, wie du.
Wir sind anders.

.

Sie finden Charlies kleinen Bruder am nächsten Tag.
Steifgefroren und eiskalt.
Mr. Emmerson und Mr. Johnson haben die Nacht durch nach ihm gesucht. Als er nicht zum Abendessen gekommen ist. Als sie bemerkt haben, dass er verschwunden ist, sind sie losgezogen, mit Taschenlampen ausgerüstet. Tanzende Lichter in absoluter Finsternis.
Als sie ihn am Morgen über die Felder tragen, kommt das Zittern wieder zurück. Jetzt nicht mehr vor Kälte. Jetzt vor Angst.
Ich sage nichts.
Als sich die Nachricht verbreitet. Von Tür zu Tür.
Meine Mutter schlägt erschrocken die Hand vor den Mund. Mein Vater stammelt: So ein leidenschaftliches, lebendiges Kind ...
Mr. Emmerson sagt: Er hat sich beim Spielen den Kopf aufgeschlagen ...
Ich sage nichts.
Zitternd sitze ich da und denke an das Geräusch, als ich Charlies kleinen Bruder beiseite gestoßen habe. Es hallt zwischen meinen Ohren wider. Immer und immer wieder.
Ich stelle mir vor, wie sie ihn vom Boden losreißen mussten. Sein Blut an die Erde gefroren. Eiskristalle auf tiefem Rot.

Ich verbringe den Tag in meinem Zimmer.
Meine Mutter flößt mir mehrere Liter Suppe ein.
Als ich den Tellerstapel schließlich wieder hinabtrage, sitzt du neben meinem Vater auf der Couch. Ihr füttert den kleinen Hund ganz vorsichtig mit weicher, fast flüssiger Nahrung.
Der kleine Hund schmatzt.
Mein Vater sagt: Er ist wohl blind …
Du nickst leicht. Zwischen deinen Fingern die abgeknickten Hundeohren.
Du folgst mir und dem Tellerstapel in die Küche. Deine Hand auf meinem Arm. Du flüsterst: Ich habe deine Jacke …
Ich sehe dich erstaunt an. Ich frage: Wie …?
Du flüsterst: Ich war gestern noch einmal da …
Ich stelle mir vor, wie du an Charlies kleinem Bruder vorbeigehst, meine nasse Jacke aufhebst, und dann nach Hause läufst. So als ginge dich das alles gar nichts an.
Du sagst: Ich bringe sie dir, wenn sie wieder trocken ist.
Ich nicke. Wortlos.
Du beugst dich vor und küsst mich auf die Lippen, die nun nicht mehr blau sind, aber plötzlich ganz heiß.

.

Der kleine Hund wird groß und kräftig. Ein richtiger Wachhund. Bei dem Geräusch von Wasser versteckt er sich zwischen den Hühnern, die jetzt das ganze Jahr in unserem Haus leben.
Meine Mutter sagt: Ich schwöre, gestern früh habe ich ein Ei in seinem Fell gefunden.
Mein Vater tätschelt den Hund, der immer ein wenig schief lächelt und der gegen die Möbel läuft, wenn wir sie verstellen.
Es ist wieder Sommer. Schulfrei. Du machst ein Praktikum in der Stadt. Ich arbeite in der Bibliothek. In der Mittagspause

streifen wir durch die Gegend, drücken uns die Nasen an den Schaufenstern platt und planen das nächste Schuljahr.

Ich spare für ein Auto. Dann müssen wir nicht mehr den Bus nehmen.

Wenn wir abends heimkehren, schaue ich auf die Felder zwischen den Häusern.

Ich war schon seit Wochen nicht mehr bei den Johnsons und bei den Emmersons.

Ab und zu sehe ich Kyles blondes Haar zwischen den Maisstauden. Ab und zu Charlie, der hochspringt.

Ich denke an den letzten Sommer. Als wir noch Kinder waren.

Ich denke an den letzten Sommer. Verloren im Mais.

Ich denke an den letzten Sommer.

Am Himmel die Rauchzeichen

Antigone Kiefner

Die Farben leuchteten. Auf Wange und Stirn. Kriegsbemalung. Sie stammte von unten aus dem Süden, war ein Mescalero Apache. Ein anderer Stamm kam nicht in Frage. Auch Winnetou war ein Mescalero gewesen. Eine Taubenfeder steckte in ihrem Haar, in der Stadt war es schwierig, an etwas anderes heranzukommen. Die Lippenstifte ihrer Mutter ruinierte sie ohne Schuldgefühl. Die Prügel dafür waren Mutproben. „Hombre" sagte sie jedes Mal, kurz bevor sie ihren Pfeil abschoss. Sie traf für gewöhnlich mitten ins Herz. So hatte es angefangen. Anna verfolgte Bärenspuren im Park, sah die Abdrücke von Pumas und Bisons und schlich hinterher. Sie roch die würzige Savanne, kletterte auf Bäume und schaute in die Ferne, sah die Rauchzeichen anderer Stämme und wusste, dass sie zu ihnen gehörte.

Chris und Tobias waren neu an der Schule, in der Pause standen die Brüder in der Ecke, spuckten auf den Boden und warteten auf den Klingelton, während die anderen Kinder ihre Pausenbrote aßen. Sie tauschten Karten mit abgeknickten Eselsohren und sprachen von Pferdestärke und Hubraum. Dann entdeckten sie eines Tages den Park, durchstreiften ihn und stießen auf Anna, die gerade dem donnernden Trampeln der Bisonherde lauschte. Chris fasste in ihr langes, braunes Haar und zog die Feder heraus.
Woher hast du die? Sie gab keine Antwort, stattdessen riss sie ihm die Feder aus der Hand und steckte sie sich wieder auf den Kopf.
B-b-bist du eine Rothaut? Tobias sog den Speichelfaden ein, der an seiner Lippe hing.

Ich heiße Schnelles Reh, sagte sie, und wenn ihr wollt, zeige ich euch eine Büffelherde. Das Land gehört meinem Vater und die Büffel auch. Sie verschränkte ihre Arme und lehnte sich an die Parkbank, die neben ihr stand. Chris zog seine Jeans hoch, hakte seine Daumen in die Gürtelschlaufen ein und verlagerte sein Gewicht auf sein rechtes Bein.
Ist das eine Adlerfeder? Chris grinste mit auseinanderstehenden Zähnen.
Klar, was denkst du denn?
Zeigst du uns deine Büffel? fragte Tobias. Anna deutete auf den Boden, wies auf die Hufspuren der Herde hin, die vor kurzem hier durchgetrampelt war. Sie grasen jetzt hinter dem Bärengehege, erklärte sie und setzte sich in Bewegung. Die Brüder liefen neben ihr her und blähten ihre Backen.
Es gibt hier keine Büffel, sagte Chris, die gibt es nur in Amerika.
Und ob es die gibt, sagte Anna. Als sie am Bärengehege am hinteren Ende des Parks angekommen waren, stiegen sie den Aussichtsturm hinauf und schauten über das Gehege hinweg in die weite Prärie.
Da sind keine Büffel. Tobias drehte sich enttäuscht um.
Sie sind weitergezogen, erklärte Anna, aber sie kommen wieder zurück.
Sie stiegen wieder hinunter und Anna führte die Jungen über verschlungene Trampelpfade in ihr Zelt im Gebüsch. Sie holte eine bunte Friedenspfeife hervor und setzte sich im Schneidersitz auf einen Teppich. Die Brüder setzten sich ebenfalls. Anna nahm die Holzpfeife in den Mund und sog schmatzend daran, stieß geräuschvoll Luft aus und drehte ihr Gesicht in alle Himmelsrichtungen. Dann reichte sie die Pfeife weiter an Chris, der es ihr nachmachte und sie dann seinem kleinen Bruder gab. Tobias nuckelte daran und drehte seinen Kopf mehrmals nach rechts und links. Anna nahm ihm das Holzstück aus dem

Mund, verstaute es in einer kleinen Holzkiste und krempelte die Ärmel ihres Pullovers hoch. Wir sind jetzt Blutsbrüder, sagte sie, schob auch die Ärmel der Brüder hoch und drückte fest ihr Handgelenk auf die Handgelenke von Chris und Tobias. So hatte es angefangen. In den kommenden Wochen erzählte Anna von den Bisons, den Pumas, den wilden Pferden, den Rauchzeichen am Himmel und vom Duft der Savanne. Sie schlichen zu dritt durch den Park und deuteten die Spuren auf den Gehwegen und unzähligen Trampelpfaden, die über die Wiesen führten und sich zwischen den Büschen und Bäumen hindurchschlängelten. Löcher, Furchen, Abdrücke von Hundetatzen in der matschigen Erde, Tannenzapfen oder abgerissene Blätter, alles war ein Zeichen, das es zu deuten galt. Das Gurren der Tauben und die Farbe von Katzenfell waren bedeutungsvoll. Ausgetretene Zigarettenkippen, Kaugummipapier, Taschentücher, Zellophan oder abgerissene Schnürsenkel hinterließen wichtige Informationen. Mit klebrigen Fingern hoben Anna, Chris und Tobias die Spuren auf, standen im Kreis und tauschten ihre Vermutungen aus. In den dichten Büschen in der Nähe des alten Bärengeheges, in dem schon längst keine Bären mehr lebten, schlugen sie ihr Zelt auf, legten alte Decken aus, sammelten ihre Trophäen. Hier hinterließen sie Nachrichten füreinander. Die Brüder trugen jetzt auch Adlerfedern im Haar.

Als sie eines Tages einen toten Igel entdeckten, bückten sie sich und stocherten mit einem kleinen Ast auf seine Stacheln.

Das waren die Weißen, sagte Chris.

Ja, sagte Tobias, so was machen Indianer nicht.

Sie begruben den Igel und tanzten um das Loch. Anna sang ein Lied in einer Sprache, die die Brüder nicht verstanden.

Wenn sie sich in der Schule trafen, vormittags im Pausenhof, standen sie zusammen und besprachen neue Schleichwege und

Routen für den Nachmittag, erzählten sich von neu entdeckten Vogelnestern oder rätselten über das Ausbleiben der Bisons. Sie sammelten Federn und tauschten sie untereinander ein. Chris hatte Probleme mit dem Rechnen und so erhielt Anna eines Tages eine besonders lange Adlerfeder von ihm, als sie seine Matheaufgaben löste. Die anderen Kinder standen um sie herum und schauten auf die Federn. Einige wollten ihre Radiergummis, Lineale und Bleistifte dagegen tauschen. Doch Anna und die Brüder gaben ihre Federn nicht her. Ihr seid Rothäute, sagten die anderen Kinder danach. Wisst ihr nicht, dass die Indianer immer die Verlierer sind? Sie können nicht lesen und schreiben und sie sind dumm, sagten sie. Dann rissen sie Anna die Federn aus der Hand und zerknickten sie. Selber Verlierer! Chris öffnete den Schulranzen eines Kindes und schüttete den Inhalt auf den Boden. S-s-selber V-V-Verlierer! Tobias war rot angelaufen. Die Brüder schubsten die Kinder und rissen an ihren Hemden und Jacken, zerrten an ihren Haaren, bis einige schrien. Als es klingelte, gingen die Kinder auseinander, Anna steckte sich die kaputte Feder wieder ins Haar.
Am Nachmittag strichen sie durch den Park.
Eigentlich sind es keine Adlerfedern, sagte Chris plötzlich.
Wir sind Blutsbrüder, sagte Anna, für immer.
Sie gingen den Trampelpfad zum alten Bärengehege entlang, in den Pfützen spiegelten sich graue Wolken. Als sie ihr Zelt erreichten, krochen sie durch das schützende Gebüsch in ihr Versteck und warfen sich auf die Matten am Boden. Ich will nicht verlieren, sagte Chris.
Aber wir sind die Guten, sagte Anna.
Sie schwiegen. Dann schmatzten sie an der Friedenspfeife, stießen geräuschvoll Luft in alle Richtungen aus und reichten die Pfeife mehrmals im Kreis herum. Anna erzählte von den Apachen und ihrem Mut. Die Brüder gähnten und brachen

unvermittelt auf. Das Abendessen, sagten sie, wir müssen gehen.
Am nächsten Tag und auch die Tage darauf kamen Chris und Tobias nicht in den Park. Auch auf dem Pausenhof waren sie nicht zu sehen. Anna kletterte auf die Schulmauer, um in der Ferne nach etwas zu schauen, was sie als Zeichen hätte deuten können. Doch der Himmel war wolkenlos.

Zwei Wochen später hatten die Jungen Revolver und Platzpatronen, Cowboyhüte und Stiefel mit Sporen. Die Colts klemmten in Plastikholstern, die ihnen am Knie baumelten. Chris und Tobias sahen aus wie in „Bonanza" auf der „Ponderosa Ranch". Um den Hals hatten sie sich Tücher gebunden. Sie ballerten auf Bäume, auf Vögel und Menschen, Hunde und Katzen. Sie nannten sich Little Joe und Hoss und teilten die Welt jetzt unter sich auf. Als Cowboys stiefelten sie unter grölendem Gelächter durch den Park. Anna saß vor den Gittern des alten Bärengeheges und schnitzte an einem Pfeil.
Es gibt gar k-k-keine Bisons bei uns, sagte Tobias und setzte sich zu ihr.
Und ob, sagte Anna und schnitzte weiter.
Schnelles Reh, jetzt bist du der einzige Indianer. Chris blieb breitbeinig vor ihr stehen und wippte vor und zurück. Weißt du, was man mit Indianern macht? Er spuckte auf den Boden und hängte seinen Daumen an den Patronen-Gürtel. Man jagt sie. Chris drückte die Knallpatronen in die Trommel seines Revolvers. Los, hau ab, wir zählen bis hundert und fangen dich. Und dann kommst du an den Marterpfahl.
Dreht euch um, sagte Anna, nahm ihre Pfeile und rannte los. Sie hörte, wie die Brüder laut zählten. Anna schlich durchs Dickicht und dann zur Sturmbuche. Sie versteckte sich im Gehölz. Hundert! Platzpatronen knallten. Die Brüder kamen näher, ballerten in die Luft. Anna hörte das Keuchen von Chris

und den rasselnden Atem von Tobias. Sie schaute durch die Blätter und sah, dass Chris schon gefährlich nahe war. Er hatte sie entdeckt. Sie zwängte sich durch die Äste und rannte zum Ausgang des Parks. Chris verfolgte sie und packte sie an den Schultern, warf sie zu Boden. Lass sie nicht los, schrie Tobias. Dann schleiften sie sie zurück zur Sturmbuche, fesselten sie an den Baum. Jetzt bist du fällig, sagte Chris und begann sie zu kitzeln. Los Hoss, du auch. Hört auf, kicherte Anna. Die Brüder kitzelten sie am ganzen Körper. Anna japste nach Luft. Zum Schluss banden sie sie wieder los und gaben ihr einen Klaps. Tobias strich ihr das Haar glatt. Dann schlichen sie die Trampelpfade entlang zurück zum alten Bärengehege, krabbelten ins Zelt und rauchten die Friedenspfeife. Sie lachten.
Schnelles Reh, du bist wirklich schnell, sagte Tobias und pustete Luft nach oben. Es gibt Sieger und Verlierer, erklärte Chris, grinste und zeigte seine Zahnlücke. Als Rothaut gehörst du immer zu den Verlierern. Und als Spaghettifresser sowieso.
Blödmann, sagte Anna, ich kann ohne Sattel reiten und ich renne und schieße viel besser als du.
Es ist jetzt u-u-u-nser Land. Tobias wischte sich, während er sprach, mit dem Ärmel einen Speichelfaden aus dem Mundwinkel.
Eine Rothaut hat hier keinen Platz mehr. Chris verschränkte die Arme.
Wenn die Bisons wieder kommen, dann ..., sagte Anna
Was dann? Chris reckte sich in die Höhe.
Dann wird alles anders, sagte Anna und kroch aus dem Zelt. Chris und Tobias folgten ihr zum Bärengehege, liefen hinter ihr her, ließen sie hin und wieder stolpern. Hei Schnelles Reh, zu doof zum Laufen. Doch diesmal lachte Anna nicht. Als sie angekommen waren, zeigte Anna mit einer weiten Geste auf die Parkanlage, das Gehege und die Bisonherde. Das ist mein Land, sagte sie und streckte den Brüdern die Zunge raus. Dann

rannte sie fort. Nach Hause. Dort rannte sie an ihrer Nonna vorbei in ihr Zimmer, knallte die Türe zu und verkroch sich hinter dem großen Vorhangstoff, den sie wie ein Zelt über das Bett gespannt hatte. Summend und singend wiegte sie sich hin und her.

In den folgenden Tagen strich Anna alleine durch den Park. Sie hatte wieder Kriegsbemalung im Gesicht und sammelte Federn, knorrige Äste und Tannenzapfen, schnitzte sich Pfeile und einen neuen Bogen. Sie sagte „Hombre", schoss und traf mitten ins Herz. Sie wartete auf die Bisonherde und lauschte dem Gurren der Tauben. Schließlich erkletterte sie die alte Sturmbuche, die mit ausladenden Ästen in der Mitte des Parks stand. Von hier oben sah sie bis zum vorderen Parkeingang, sah das schmiedeeiserne Tor, das meist offen stand, und das Toilettenhäuschen aus rotem Ziegelstein, das sich neben dem Eingang befand. Auf der anderen Seite konnte sie das Bärengehege sehen und dahinter die weite Prärie der Büffel. Und sie entdeckte Chris und Tobias, wie sie den Pfad entlangkamen. Sie traten gegen Bäume und schubsten sich gegenseitig immer wieder. Ihre Holster baumelten. Je näher sie kamen, desto deutlicher konnte Anna sie sprechen hören. Wir müssen wieder eine Rothaut jagen, sagte Chris und schob sich den Hut aus dem Gesicht. Wir m-m-müssen Schnelles Reh jagen. Tobias stopfte sich sein viel zu enges Hemd in die Hose. Sie setzten sich unter die Sturmbuche und zogen ihre neuen Karten hervor. 100 PS, sagte Tobias. 150, sagte Chris und riss seinem Bruder die Karte aus der Hand. Sch-sch-schnelles Reh, wo steckt sie bloß? Tobias schob eine Karte nach vorne auf seinen Stapel. Gib her, Hoss, mein Wagen ist stärker. Q-q-quatsch nicht Little Joe, dein Mercedes ist nichts gegen meinen Ferrari. Das ist Niki Lauda! Na und?! Chris zerrte Tobias' Spielkarte an sich. Sie rangelten um die Karte, schließlich lag Chris auf seinem strampelnden Bruder, drückte ihn gegen den Boden, boxte ihm mit dem Ellbogen ins Gesicht. L-l-lass mich, schrie Tobias, l-l-lass mich. Seine Nase blutete, sein Weinen und Wimmern verhallte im Geäst der Sturmbuche. Hört auf, schrie Anna und kletterte herunter. Sie setzte sich neben Tobias, wischte mit einem Taschentuch Dreck und Blut aus seinem Gesicht. Dann drückte sie ihm einen Tannenzapfen in die Hand. Jetzt tut es nicht mehr weh, sagte sie, halt ihn ganz fest. Sie stand auf, schulterte ihren Bogen und schlich den Trampelpfad zurück nach Hause.

Am nächsten Tag kamen Chris und Tobias nach der Schule zu Anna und holten sie ab. Schnelles Reh, kommst du? sagte Chris in die Sprechanlage. Anna kam die Treppen heruntergerannt, dann überquerten sie zusammen die Straße und schubsten sich gegenseitig unter Gelächter und Gekicher durch das schmiedeeiserne Tor in den Park. Wetten, dass wir dich diesmal ganz schnell finden, sagte Chris und zog geräuschvoll die Nase hoch. Anna ordnete ihre Federn im Haar, dann rannte sie los. Die Cowboys begannen zu zählen, doch ab 20 zählten sie nur noch in Zehnerschritten. Zwischen ihren gespreizten Fingern lugten sie hindurch, schauten, in welche Richtung Anna rannte. Sie brüllten „Hundert" und rannten ballernd hinterher. Jeder Knall endete mit einem kleinen Wölkchen, das sich langsam in Luft auflöste. Sie fingen Anna ein, die heftig um sich schlug und biss und kratzte. Chris nahm sie schließlich in den Schwitzkasten, schleifte sie an den Marterpfahl und fesselte sie mit Hilfe von Tobias. Die Cowboy-Brüder grölten und kitzelten Anna am ganzen Körper. Anna schrie und lachte. Die Jungs hielten plötzlich inne und traten zurück.
Bindet mich wieder los, befahl Anna in die Stille.
Chris näherte sich ihr langsam, überlegte eine Weile und dann drückte er plötzlich seinen Mund auf ihre Lippen. Igitt, schrie und kicherte Anna. Los jetzt du, sagte Chris. Tobias trat näher.

Sie warf ihren Kopf zu Seite. Er fuhr sich mit der Zunge über die Lippen und gab ihr einen nassen Kuss. Dann band er sie los. Anna wischte sich mit dem Ärmel den Mund ab und spuckte auf den Boden.

In den kommenden Tagen rannte Anna um ihr Leben, wurde gefangen, gefesselt, gekitzelt und am Ende küssten die Brüder sie mit nassen Lippen auf den Mund.

Jedes Mal rauchten sie am Ende zusammen die Friedenspfeife im Zelt, schworen ewige Freundschaft und balgten sich auf dem Boden.

Mädchen küssen ist doof, sagte Chris nach zwei Wochen. Anna stand gefesselt am Marterpfahl, ihr Haar war zerzaust, sie hatte ihre Federn im Gerangel verloren.

W-warum? Tobias sog Speichel.

Besser ist, wir knallen sie ab. Chris trat ein paar Schritte zurück. So machen die das auch.

Er zerrte seinen Colt aus dem baumelnden Holster, drückte neue rote Platzpatronen in die Trommel hinein, zielte auf Anna und schoss. Anna sackte wie auf Befehl kurz zusammen. Sie machte ihre Augen zu und sah, wie die Rauchzeichen aufstiegen, wie sie von Berg zu Berg weitergegeben wurden, bis alle Stämme von ihr wussten und es am Lagerfeuer weitererzählten. Tobias stand mit offenem Mund daneben. Dann schoss er auch.

In den nächsten Wochen wurde Anna immer findiger in der Wahl ihrer Verstecke. Sie kroch in Dornenbüsche, kletterte auf Bäume, versteckte sich hinter den schattigen, bemoosten Mauern des alten Bärengeheges. Meist war es Chris, der sie entdeckte und packte, zu Boden warf, mit ihr rangelte und sie niederdrückte. Und er schubste sie zum Marterpfahl, ließ sie von Tobias fesseln, schrie „Feuer" und drückte ab. Irgendwann genügte bei der Verfolgung schon ein Blick und ein Schuss in ihre Richtung und sie musste getroffen zu Boden fallen. Anna glaubte nach einer Weile nicht mehr, dass sie wirklich getroffen worden war. Dafür schossen die Cowboys zu schlecht. Doch Little Joe und Hoss beharrten darauf, dass sie genau getroffen hätten und dass Schnelles Reh jetzt auf der Stelle tot umfallen solle. Anna widersprach und rannte schneller als je zuvor, die Brüder konnten sie nicht mehr einfangen. Und obwohl Anna schon mehrfach angeschossen war und hätte liegenbleiben müssen, rannte sie weiter.

Irgendwann im Frühsommer beschloss Anna, die Regeln zu ändern. Sie begann, jetzt alle Lippenstifte ihrer Mutter einzusetzen. Ihr Gesicht leuchtete in allen Rottönen.
Huh, Schnelles Reh, wen willst du denn erschrecken? Chris schwang seinen Colt am Finger. Tobias zupfte an ihrem Bogen, dann zog er sie an ihren langen Haaren. Sie trat ihm gegen das Schienbein, er ließ los.
Schnelles Reh, lauf, vielleicht schaffst du es diesmal, sagte Chris. Dreht euch um, befahl Anna und rannte los, den Kiesweg entlang bis zum ersten großen Kastanienbaum und dann hinter die rotblühenden Rhododendronbüsche. Die Brüder zählten laut dreiundzwanzig ... vierundzwanzig ... dreißig ... vierzig. Durch die Blätter sah Anna, wie Chris und Tobias ihre Hälse in ihre Richtung reckten. Hundert! Anna schlich den Trampelpfad entlang Richtung Bärengehege. Dort kletterte sie auf einen Kirschbaum und wartete. Die Brüder kamen näher. Tobias keuchte. Anna sagte „Hombre" und zielte. Ihr Pfeil traf Chris mitten ins Herz. Er blieb stehen, schaute hoch, dann bückte er sich, nahm den Pfeil und zerbrach ihn. „Hombre" brüllte Anna und der nächste Pfeil prallte in den Cowboyhut von Tobias. Dessen Augen verengten sich, er stolperte weiter. Jetzt waren sie beide am Baum angekommen und ballerten mit ihren Pistolen hoch zu ihr.

Du bist mausetot, Rothaut, schrie Chris, während aus seiner Pistole kleine Rauchwölkchen in die Luft pufften.
Ihr habt danebengeschossen, schrie Anna hinunter. Legt euch auf den Boden, ich habe euch getroffen.
Das gilt nicht. Chris war rot im Gesicht. Er bebte. Anna kletterte höher und wartete.
Feigling! Chris und Tobias ballerten noch eine Weile hoch zu ihr, dann setzten sie sich unter den Baum und luden ihre Pistolen, drückten neue rote Knallkugeln in ihre Magazine.
Es g-g-gibt gar keine Bisons, stotterte Tobias.
Anna, komm runter. Das Spiel ist aus, rief Chris nach einer Weile. Als Anna hinunterkletterte, packte er sie, doch sie biss, kratzte, trat nach ihm und rannte aus dem Park hinaus. Sie entdeckte ihre Nonna, die gerade auf dem Nachhauseweg war, gab ihr schnell einen Kuss, hakte sich bei ihr unter und half ihr über die Straße. Die Cowboys blieben am Straßenrand stehen, brüllten und fuchtelten mit ihren Revolvern. Als Anna mit ihrer Nonna auf der andren Seite angekommen war, drehte sie sich um, nahm ihren Bogen und sagte „Hombre". Dann zielte sie mit zusammengekniffenen Augen und schickte die Pfeile rüber. Mitten ins Herz. Ihre Nonna wollte wissen, mit wem sie spielte und wie die Jungs hießen. Ah, in deiner Klasse? Die Söhne des Bäckers? Schießen auf ein Mädchen? Wie unerzogen. Nonna spuckte auf ihr Taschentuch und wischte Anna das Gesicht ab. Und du, schäm dich, wie läufst du herum? Was werden die Deutschen von dir denken? Diese Farbe, muss das sein?
Ich bin Schnelles Reh, sagte Anna und sie verfolgen mich. Aber ich bin schneller. Die Nonna stemmte die Hände in die Hüften. Warum spielst du nicht mit Sabine und Gabi? Anna verzog ihr Gesicht. Sie ziehen Barbiepuppen an und aus und wieder an und wieder aus und kämmen ihnen die Haare. Nonna, wie soll ich mit ihnen spielen?

Die Nonna spuckte nochmal in ihr Taschentuch und rubbelte den Rest der Kriegsbemalung weg. Annas feuerrotes Gesicht brannte. Sie gingen auf dem Bürgersteig die Straße entlang zur Pizzeria von Papà. Auf der anderen Seite der Straße liefen Chris und Tobias auf gleicher Höhe und ließen Anna nicht aus den Augen. Sie zielten auf sie. Ab und zu knallte ein Schuss. Chris und Tobias machten wilde Grimassen und streckten ihr die Zunge raus.

Anna und ihre Nonna kamen an der Pizzeria an und betraten das Lokal. Annas Vater knetete mit seinen großen Händen den Pizzateig in einer großen Plastikwanne. Er sang eine Tarantella. Als er sie sah, wischte er sich die Hände an seiner Schürze sauber, gab ihr einen Kuss auf die Backe und trug sie zur Jukebox. Er hob sie hoch und ließ sie ein Lied auf der Wurlitzer wählen. Sie drückte G5, die Winnetou-Melodie. Danach Adriano Celentano, Azzurro. Anna hopste herunter und tanzte dazu einen Kriegstanz im Kreis, hüpfte um die leeren Stühle und Tische herum, noch war Mittagspause und das Ristorante geschlossen. Sie tanzte um das große Aquarium, das der Küste von Amalfi nachgebaut war, Felsen mit vielen Muschelschalen und Seesternen bestückt. In der Mitte hatte ihr Vater eine Grotte reingebaut, in der die heilige Mutter Gottes stand und den Blick zum Himmel verdrehte. Rechts und links schwammen die Goldfische. Anna schaute grimmig und schwang ihren aus einer Spülbürste gebastelten Tomahawk durch die Luft. Madonna, ich versteh nicht, warum sie unbedingt Indianer sein will, sagte die Nonna. Warum kann sie nicht mit den anderen Mädchen im Haus mit den Puppen spielen?

Annas Vater lachte. Willst du noch ein Lied? Er hob sie wieder hoch, sie drückte wieder einen Buchstaben und eine Zahl, Milva sang Bella ciao. Er küsste sie auf die Stirn und setzte sie wieder auf dem Boden ab.

Es wurde Sommer. Anna hatte mittlerweile sehr viele Taubenfedern sowie die Federn eines Eichelhähers und eines Turmfalken gesammelt. Alle Federn steckte sie sich in ihr Haarband aus Schlangenhaut. Ihr Kopfschmuck war jetzt prächtig. Dazu trug sie eine Kette aus Bärenkrallen, die sie aus Kronkorken gebastelt hatte. Schon von weitem sah man ihr ihren Mut an. Die bunten Striche in ihrem Gesicht leuchteten, sie hatte den neuesten Lippenstift ihrer Mutter eingesetzt und blaue Flecken an ihren Armen. Sie durchschritt den großen Park, folgte wieder den Spuren von Bisons, Pumas und Hirschen. Irgendwann fing sie sich ein wildes Pferd. Sie schnalzte und rollte mit der Zunge und imitierte die Galoppgeräusche. So preschte sie mit Kriegsgeheul durch den Park zum Bärengehege. Stolz, wild und mit erhobenem Haupt. Ihr schwarzes Haar flatterte im Wind, während sie ihr Pferd mit den Zügeln antrieb. Chris und Tobias knallten besinnungslos, sobald sie sie sahen. Anna wieherte und trieb ihr Pferd noch mehr an. Die Brüder hatten keine Chance.

Im August war der Park wie ausgestorben. Die Cowboys waren in der Stadtranderholung. Anna schaute bei Gabi und Sabine vorbei, kämmte Barbarellas blonde Strohhaare und zwängte sie in ein viel zu enges Kleid, bis die Nähte rissen. Sie malte der Puppe Striche ins Gesicht. Sabine fing an zu weinen und Anna wischte mit Spucke und einem Taschentuch schnell die Farbe wieder weg. Barbarellas Kopf blieb trotzdem rötlich, sie schaute in ihrem kaputten Kleid aus, als ob man sie überfallen hätte. Sabine rannte zu ihrer Mutter. Die Mutter warf Anna hinaus. Nach drei Wochen war Anna froh, als die Cowboys wieder auftauchten und sie jagten. Doch jetzt ließ sie sich nicht mehr einfangen.

Gegen Ende des Sommers wurde sie nachlässig. Ihr Pferd scheute vor einer Klapperschlange und stolperte. Die Brüder warfen sich auf sie, drückten sie zu Boden. Dann schleppten sie sie ins Gebüsch und fesselten sie an die Sturmbuche. Anna keuchte, ihr Knie blutete. Tobias nahm ihren Bogen und zerbrach ihn. Chris rupfte all ihre Federn aus dem Haar. Dann drückte er die runden Patronenhülsen in die Revolvertrommel. Anna rüttelte an ihren Fesseln. Schnelles Reh soll die Klappe halten, sagte Chris. Tobias drückte ihren Mund zu, sie schmeckte seine schwitzende, salzige Hand. Chris war bleich und kramte in seinen Taschen nach weiteren Knallpatronen. Anna biss Tobias in die Hand, er heulte und dann sah sie seine Tränen. Sie hat mich gebissen, schrie er, Schnelles Reh hat mich gebissen. Die Drecksau, das muss sie büßen.

Das gibt Rache, sagte Chris und zielte. Anna schaute ihm in die Augen, er schoss die Trommel leer, am Ende klickte es dünn. Los, *du* jetzt. Tobias zielte ebenfalls und verschoss seine Kugeln. Anna stand aufrecht, sackte nicht zusammen, sondern schaute ihm ins Gesicht. Tobias lud den Revolver und knallte mit fuchtelnden Bewegungen weiter auf sie.

Chris lächelte und zwischen seinen kleinen Zahnlücken funkelte für einen kurzen Moment das Licht der Nachmittagssonne. Er holte ein zerbeultes Päckchen Zigaretten und Streichholzschachteln aus seiner Hosentasche.

Du kannst deine rote Haut retten, sagte er zu Anna. Wenn du mutig bist.

Ja, r-r-rauch mit uns, sagte Tobias, während er sich mit dem linken Arm Speichel von seinem Kinn wischte.

Chris zündete die Zigarette an, sog daran und spuckte den Qualm aus. Er hustete. Dann hielt er Anna die glimmende Zigarette vor den Mund. Sie kniff die Lippen zusammen. Wenn du nicht rauchst, dann spielen wir nie mehr mit dir, sagte Chris und drückte sich an sie. Er gab ihr einen Kuss auf den Mund,

griff nach ihrer Brust, krallte seine Finger hinein. Sie rüttelte an ihren Fesseln, dann sagte sie „Hombre" und schaute ihn so finster wie möglich an.
Du willst doch, dass wir wieder zusammen gehören, sagte Chris und krallte weiter. Anna öffnete ihren Mund, er drückte ihr die Zigarette zwischen die Lippen, sie sog daran und stieß den Qualm aus. Es kratzte im Hals, sie räusperte sich leise, paffte weiter und Chris schaute sie schweigend an. Mit jedem Zug blies sie größere Rauchwolken nach oben. Sie kringelten sich langsam in die Höhe. Anna blickte ihnen hinterher. Ihre Rauchzeichen stiegen immer höher, vorbei an den Blättern und Ästen der Sturmbuche, und erreichten die Baumkronen. Anna nahm einen letzten, tiefen Zug und stieß den Qualm in vielen Wölkchen in den Himmel. Die Indianerstämme konnten ihre Rauchzeichen jetzt sehen. Und die Bisons, die zu Tausenden bald unter donnerndem Hufschlag zurückkehren würden. Anna freute sich auf den Schulbeginn.

Single-Player

Arina Molchan

Ich komme von der Arbeit nach Hause, in mein Nest aus Kabeln und Schnittstellen. Rechts steht das ungemachte Bett, links an der Wand der Käfig. Die Neonröhre an der Decke surrt. Ich streife alles bis auf die Unterwäsche ab, schmeiße die Arbeitsuniform auf den Boden und beginne mein feierabendliches Ritual: Powercocktail schlucken, eine Koffeintablette auf die Zunge legen, danach Trinken aus dem Wasserhahn, mit einem nassen Tuch Nacken und Stirn kühlen. Als letztes dann der Gang auf die Toilette.

Erst als ich wieder im Zimmer bin, ziehe ich meine Haut an. Sie hat schon Beulen an den Knien und Ellbogen und das Verschlusssystem klemmt. Sie riecht nach Schweiß und Neopren.

In meiner Haut sperre ich mich von innen in den Käfig und lege die Handschuhe mit den Sensoren an. Sie verbinden sich mit den Implantaten in meinen Fingerkuppen, leuchten, bis der Synchronisationsvorgang beendet ist. Jetzt hat jede Bewegung der Hand eine Bedeutung.

Ich starte das Programm.

*

Das virtuelle Gewölbe baut sich auf - ein Höhlensee, eine winzige Sandinsel. Nur hier können sich die Gedanken entfalten. Es ist still. So still, dass es rauscht, als wäre dieser Raum eine riesige Muschel, die man sich ans Ohr hält.

[Ich] habe hier einen Stuhl platziert, auf dem [Ich] nachdenken kann. Die Idee mit der Glühbirne kam später. Da [Ich] sie ganz witzig fand, baumelt jetzt ein Licht über dem Stuhl: das Kabel ein morsches Tau, das sich aus dem Nirgendwo herabsenkt. Glühender Wolframfaden, hermetisch eingeschlossen in Edel-

gasatmosphäre: Solche Lampen gibt es in Real Life nicht mehr, sie müssen simuliert werden.
Das Licht strömt wie flüssiger Bernstein auf meine Schultern und spiegelt sich im schwarzen Seewasser.
Es fehlt nur noch jemand, der das Lichtkunstwerk wertschätzen kann.

*

Das Menü ist unendlich, es rollt über die Felswände und verschwimmt zu Linien. [Ich] langweile mich und habe Zeit. Also hacke [Ich] den Code.
[Ich] kann das.

*

An meinem Finger klebt eine Raupe. Sie verpuppt, erstarrt, platzt auf und ein Nachtfalter kriecht heraus, bleich und pelzig. Seine Fühler verästeln sich zu Federn und rollen sich an den Enden zu Spiralen zusammen; an den Beinen hat er kleine Widerhaken, an den Flügeln schwarze Punkte, wie verstreute Sandkörner.
[Ich] erschaffe.
Mit einer Handbewegung jage [Ich] die Metamorphose vor und zurück. Die Nachtschwärmerflügel entfalten sich vor mir, immer wieder, in einem endlosen Loop.
Mir ist alles möglich.
[Ich] setze den Falter auf das Glas der Glühbirne und erlaube ihm, sich zu bewegen. Er tastet das Licht mit seinem Saugrüssel ab, als ob er es trinken könnte.
Außer mir kann das niemand.

*

Wie viele Menschen haben einen solchen Käfig im Zimmer stehen? Welche Wünsche erfüllt ihnen das Programm?
Ich könnte Risse im Netz finden, mich in fremde Welten einschleusen. Ich müsste nur die Schwachstelle im System lokalisieren.

Ich trete aus meinem Käfig und beginne zu suchen.

*

Das Datenmeer ist tief, der Tauchgang lang: Er führt durch biolumineszente Quallenwolken, in deren Tentakeln sich kleinen Fische verfangen; vorbei an Seeanemonen, die mit falschen Versprechen locken; und an den gierigen Seesternkolonien, die sich über die frischesten Informationskadaver hermachen.
Darunter, im abyssalen Bereich, treiben sich nur noch die Riesenkalmare herum, und ein paar anonyme Untiere der Tiefsee. Hier, am Grund, finde ich zwei Namen: [De Nuncques]* und [Afremov]*.
Sie versprechen mir mehr.

*

Treffen mit [Afremov] und [De Nuncques] an der Peripherie. Es ist Nacht im Park und die Wege sind leer. Nur vereinzelt tropfen Laternen ihr Licht in schrillgelbe Pfützen. Hinter den Bäumen flimmert die unsichtbare Grenze der Welt. Schritte schleichen über den nassen Asphalt.
[De Nuncques] ist eine Kopie von [Afremov]: Sie bewegen sich synchron, sie tragen Masken mit krummen Vogelschnäbeln und runden Augengläsern, hinter denen nichts zu erkennen ist. [De Nuncques] bekommt die Coins und [Afremov] spritzt mir dafür den Code unter die Haut. Vom Handgelenk aus zieht der String aus Zeichen in mein digitales Herz. Ich spüre den Download, wie er durch die Adern jagt, sich im Körper ausbreitet und mich zu einem Lichtwesen macht.
Jetzt bin [Ich] göttlich.

*

[Ich] breche ein. Heute werde [Ich] nicht meinen Höhlensee laden, sondern andere Welten, fremde Träume.
[Ich] bin allmächtig.
[Ich] kann das.

*

Platte, generische Landschaft – *weiter* – eine rote Wüste in grobkörnigen Texturen – *weiter* – raumlose Dunkelheit in der bei jedem Schritt der eigene Fußabdruck aufleuchtet und Feenstaubblumen sprießen lässt – *Idee zu kitschig, die Grashalme zu kantig – weiter* – das Innere eines Cafés, leere Tische, beschlagene Fenster und schlechte Musik aus dem Off – *talentfreie Noobs, weiter* – ein Strand und das träge Ächzen der Wellen, luftraubende Kälte auf meiner Haut – *weiter* – ein Zimmer ohne Ausblick, erstarrte Vorhänge und eine Tasse substanzlosen Tees – *halt – zurück* – die Wellen. [Ich] kehre zurück zu den Wellen, zu dem Strand und atme das Salz, die Weite, und fühle.
Das ist unmöglich.

*

Das Meer ist grau wie Asphalt. Wellen schaben das Eis vom schwarzen Strand, schleifen es mit, türmen auf, brechen zusammen. Träge. Wieder. Und wieder.
Ein Schritt, und es knirscht unter den Füßen. Die Schneekristalle zersplittern unter meinem Gewicht, drücken sich zwischen die Sandkörner. Der salzige Wind staucht mich zusammen, drängt von oben herab, von der Seite, vom offenen Meer her, und füllt die Lungen mit Schwere. In der Luft, mit unermüdlichen Flügeln, kämpft ein Papageientaucher mit den Böen.

*

Unmöglich. Ich öffne die Käfigtür und ziehe mir das Meer vom Kopf. Der Lüfter der Grafikkarte rauscht. Mein Bett ist ungemacht. Darüber flackert die Neonröhre.
Ich mache einen Schritt aus dem Käfig. Die Arbeitsuniform liegt wie eine angespülte Krake auf dem Boden. Ich beginne die Handschuhe abzustreifen, halte inne, ziehe dann die Tür wieder zu und starte erneut das Programm. Der Code leuchtet mir

durch alle Adern und meine Höhle baut sich auf, meine Insel unter dem Lichtkegel.
Der Raum ist eng. Die Stille drückt auf die Ohren. Die Motte reibt sich in Dauerschleife an der nackten Glühbirne. Sie macht weder ein Geräusch noch wirft sie Schatten. Was für ein Anfängerfehler. [Ich] rolle das Menü auf, rausche hindurch, suche ziellos nach Einstellungen und finde keine.
Wer bist [Du]?

*

Unweit von meinem Spawnpoint in deiner Welt, auf dem Vulkansand, wölbt sich eine weiße Masse: ein Wal?
[Ich] trete näher.
Der Kadaver des Belugas ist hartgefroren. Eis umschließt seine Schwanzflosse und Raureif überzieht den Körper. [Ich] fahre mit den Fingern über die Textur der Haut. Die kleinen Kristalle schmelzen unter dem Druck meiner Finger und legen kleine Risse im Hautgewebe des Tieres frei.
Das Auge des Wals ist trüb, von innen beschlagen. Ein Fleck auf der Hornhaut hat die Form eines [Herzens]. [Ich] neige mein Ohr über das Tier: Im Inneren des Kadavers klingt etwas – sein Walgesang? – oder menschliches Murmeln? [Ich] schließe die Augen. [Du] gibst selbst dem Tod eine Stimme.
Als [Ich] aufsehe, sitzt der Papageientaucher auf dem gestrandeten Wal und beobachtet mich.
Bist [Du] das?
Wer bist du?, frage [Ich]. Der Vogel flattert auf und in diesem Moment sehe [Ich] in der Ferne, auf einer der Dünen, kurz eine Gestalt: [Du] löst dich auf und [Ich] bleibe zurück mit dem singenden Wal.
[Du] bist so bleich wie mein Nachtfalter.

*

Dein Strand ist unendlich. [Ich] folge dem geborstenen Meeressaum, an dem die Wellen das Eis nachschieben, und besehe

mir, was [Du] hinterlassen hast: all die Tiere der Urzeit, die sich nacheinander aus dem schwarzen Sand schälen, bleiche Gerippe, seltsam schön im Schnee.
Ein Pfeilschwanzkrebs, ein Nautilus, zu groß, um echt zu sein, Kieferknochen unbekannter Wesen. Das Skelett eines [Plesiosauriers]. [Ich] zähle die Halswirbel. [Du] bist gut. [Ich] rufe nach dir, aber niemand antwortet.

*

Meine Höhle erdrückt mich. Außerhalb des Käfigs schlägt deine Brandung in meinem Kopf. Nur Wellen und Wellen und Eis, das vibrierende Schaben, das aus der Lunge des Meeres kommt: das Atmen eines ungeheuren Wesens. Und ich atme mit ihm. Ich atme mit deinem monochromen Meer.
Wer bist [Du]?

*

Ich lege die Haut gar nicht mehr ab, wenn ich meinen Käfig verlasse. Tagsüber trage ich sie unter der Uniform, um das Gefühl nicht zu verlieren.
Nachts kann ich nicht schlafen, weil ich das Meer atmen höre.
Weil ich dich atmen höre.

*

Der Schnee knirscht mir unter den Sohlen und der Wind peitscht von oben herab, vom Ozean her.
[Ich] möchte dich finden, auf einem Pfad in den Dünen. In den Tälern aus schwarzem Sand heult weder der Wind, noch atmet die Brandung. Es flüstert nur das silberne Gras, und [Ich] höre darin deine Stimme.

*

[Ich] lege mich in den Dünen auf die Lauer. Für lange.

*

Ich schlief zum ersten Mal in dem Käfig ein. Die ganze Nacht trug ich dein Meer an meiner Haut und träumte.

Außerhalb des Käfigs ist alles fad, wie kaltes, ungesalzenes Essen.

*

[Ich] sitze in meiner Höhle und suche nach Ablenkung. Warum nicht den Höhlensee gefrieren lassen? [Ich] bewege die Finger. Das Licht der Glühbirne wirft bernsteinfarbene Schlieren auf die Oberfläche. [Ich] wage einen Schritt auf das Eis und höre es unter mir ächzen, aber nur stumpf, ohne jegliche Tiefe. [Ich] gehe dennoch in die Dunkelheit und blicke zurück. Meine Insel mit dem Stuhl bleicht unter dem Lichtkegel. Und die Schatten, die der Nachtfalter wirft, zucken bis in die Leere hinein.
Wie kann so etwas Kleines einen so großen Schatten werfen?

*

Es ist Nacht im Park an der Peripherie und die Wege sind leer. Schuhsohlen schmatzen durch die Pfützen, die Füße werden aber nicht nass. [Afremov] und [De Nuncques] treten aus der Dunkelheit heraus.
Gebt mir mehr Macht, sage [Ich].
Und sie geben.

*

Deine Welt gehört jetzt auch mir. [Ich] bin eingedrungen und bleibe. [Du] bist nicht mehr allein.
[Ich] baue dir Stufen aus Bernstein in deine Dünen.
Betrachte das als erste Demonstration meiner Fähigkeiten.

*

[Ich] habe Eissplitter gesammelt und riesige Buchstaben auf dem schwarzen Sand ausgelegt.

*

Zum ersten Mal sehe ich dich. Deutlich. [Du] stehst da, auf einer der Dünen, und blickst hinab auf mein Werk. [Du] bist schöner, als [Ich] es mir vorgestellt habe.
[Ich] genieße dein Staunen.

*

[Ich] verwandle dein Meer, mache den Sand perlweiß, strandkorbweich, lege lachsfarbene Muscheln und Seetangmedusen aus. Wenn die Welle weicht, spiegelt sich der Himmel im nassen Sand.
[Ich] bin dein Künstler.

*

Ich schleiche wie ein Einbrecher von der Tür zum Käfig, vom Käfig zur Tür. Die Neonröhre ist durchgebrannt. Aber wozu sie austauschen? Einen Wecker stelle ich mir gar nicht mehr. Ich will nicht rechtzeitig aufwachen.
An deinem Meer bin [Ich] zeitlos.

*

[Du] hast meine Farben verwässert, alles wieder grau gemacht. Hast [Du] dich geärgert?

*

Hinter dem Wall der Dünen erstreckt sich eine Ebene. Die windgebeugten Bäume weisen mich mit ihren Ästen ins Landesinnere. Es dauert trotzdem, bis [Ich] deinen Spawnpoint finde. Es ist ein grobbehauener Altarstein, verwittert und nass – das [Herz] deiner Welt.
Hier kommst [Du] an. [Ich] beobachte, wie [Du] dich materialisierst, mit deinen bleichen Haaren und dem Papageientaucher auf der Schulter.
[Ich] merke mir alles.

*

Der Nachtfalter krabbelt mir über die Handfläche, immer im Kreis.
Ich kann alles tun, murmele [Ich]. *Ich kann alles tun*. Um es zu beweisen, hole [Ich] aus dem Menü einen Spiegel und beginne meine eigene Metamorphose.
[Ich] ahme dich nach, wandle mich. Alle deine Pixel legen sich in Schuppen über meine Haut. Zelle an Zelle. Wie anders es sich anfühlt, [Du] zu sein. Fast wie eine Berührung.

Der Gedanke sitzt mir im Nacken, dich ganz zu besitzen. Deine Haut und die Härchen, die sich aufstellen würden, weil meine Finger kalt sind; dein Meer in all den Sachen, die auf den Boden fallen. Wirst [Du] dich selbst lieben?
[Ich] lasse dich an bis zum Morgen.

*

In den Silbergrasdünen habe [Ich] dir aufgelauert. [Ich] trage deine Haut und bin neugierig: Bin [Ich] eine gute Kopie? Durchschaust [Du] mein Spiel?
[Ich] trete hinter dich. Dein Körper strahlt Wärme aus – das habe [Ich] nicht erwartet. [Ich] strecke den Arm aus, um dich zu berühren, aber [Du] bist schneller und drehst dich um.
[Ich] sehe jede Sommersprosse, jede Rille in deinen vor Kälte aufgeplatzten Lippen. [Du] bist so schön wie das Meer.
[Ich] mache einen Schritt auf dich zu, aber [Du] weichst zurück. [Ich] …
Wo fliehst [Du] hin?

*

Zwei Tage im Käfig – oder drei, oder vier? Unter mir eine Pfütze. Der Durst zwingt mich aus dem Spiel. Sobald ich mich abschnalle, geben meine Füße nach. Der Boden ist hart.
Es ist finster im Raum, nur vereinzelt blinkt etwas auf. Der Lüfter rauscht. Rechts ist das Bett – oder links? Ich taste, fühle nur Nässe.
Durst.
[Ich] habe ausgeharrt, gehofft, dass [Du] zurückkommst. Dich näher wagst. Mit mir sprichst.
Aber mein Körper war zu schwach, um noch länger zu warten.

*

[Ich] kehre zurück zu dir, aber dein Strand bleibt leer. [Ich] hoffe weiter.
Wo bist [Du]?

*

Wo bist [Du]?

*

Wo bist [Du]?

*

Wo ist [ ]?
Die Frage geht an [Afremov], dann an [De Nuncques]. Die eine Maske löst sich auf, die andere berührt die dunklen Augengläser und ein roter Schriftzug fügt sich auf ihnen zusammen:
Game over.

*

[Ich] habe dein Meer gesucht und keinen Tropfen gefunden. Nur noch [ ], [ ], und [ ].

*

Die Felswände meiner Höhle bauen sich auf, dann: vier verkohlte Pflöcke im grauen Sand. Das Licht ist zu grell. Die Flügel des Nachtfalters sind an die Glühbirne geschweißt. Er hat weder Fühler noch Beine noch Kopf. Und dann, aus der Dunkelheit, das anschwellende Kreischen der Stille - als käme es aus dem Tiefsten.
Warst [Du] hier? Ist das deine Rache für meine Verkleidung? Woher hast [Du] den Zugang zu meiner Welt? Warst [Du] im Park? An der Peripherie?
[Ich] starre herauf zum Nachtfalter, dann in die Tiefe. Erst jetzt bemerke [Ich] den Schriftzug im Wasser:
No man is an island.

*

Die Masken starren mit Augen aus Bernstein. Dein Papageientaucher sitzt [Afremov] auf der Schulter und [Ich] bin verwirrt. Verwirrt, wer wen gespielt hat.
Lass mich ans Meer ..., sage [Ich].
[Afremov] schüttelt den Kopf, fasst um mein Handgelenk und schickt mir eine Nachricht durch die Adern.
Ein Datum, eine Uhrzeit, eine Welt.

*

[Du] sitzt mir gegenüber, mit deinen bleichen Haaren und Wimpern, in diesem Café mit der schlechten Musik aus dem Off. Ein Beluga lacht spiegelverkehrt auf der Eingangsglastür. Die Bullaugenfenster sind beschlagen, draußen schleicht der Regen umher. Von den Wänden herunter gafft uns eine Reihe Masken an – Nasen wie krumme Vogelschnäbel, augenlose Schönheiten, bedeckt mit Federn und Fischschuppen. Wir tun so, als würden wir trinken.
[Du] legst deine Hand auf die Tischplatte, wie eine Aufforderung an mich, sie zu berühren. Um dein Handgelenk kräuseln sich glühender Wolframdraht und lachsfarbene Muschelsplitter. Sie schaben über die Tischplatte.
Wer bist du?, frage [Ich].
[Du] hast die generische Stimme [aLanda] – ein bisschen tiefer, samtiger, als [Ich] sie mir vorgestellt habe. [Du] fragst: *Hier oder in Real Life?*
In Real Life.
[Du] rührst in deinem Getränk. Der Löffel schlägt gegen das Glas und bringt es zum Singen. Diese aufgesetzten Gesichter verfügen nicht über Mimik. [Ich] kann nur raten, was [Du] denkst, aber [Ich] halte die Reglosigkeit nicht aus und sehe stattdessen aus dem blinden Bullauge.
Bist du ... weiblich? Männlich?, frage [Ich].
Die Muscheln rutschen an deinem Arm und von den Wänden starren die Masken auf uns herab. Dann streckst du erneut deine Hand aus, legst sie hin, zum Greifen nahe.
Komm, ich zeige dir etwas, sagt [Du]. [Ich] zögere, lasse aber deine Finger gewähren: [Du] umgreifst mein Handgelenk und die Berührung sendet ein Licht durch meine Adern. Ein Upload? Was machst [Du]? [Ich] versuche meinen Arm zurückzuziehen, aber [Du] hältst ihn fest. Dann spüre [Ich] dich: Überall auf meiner Haut sind deine Fingerabdrücke, an allen Sensoren.

Das Leuchten des Uploads sammelt sich in meinem Brustkorb und verglüht unter meinen Rippen.
Die Tischplatte, eben noch eine glatte Oberfläche in Holz-Textur, hat jetzt Rillen in der Maserung. Sie fühlt sich klebrig an, als ob sie nie abgewischt wurde. Meine Tasse ist warm, dort wo die simulierte Flüssigkeit vorgibt, Kaffee zu sein.
[Du] schiebst deine andere Hand auf meine Hälfte des Tisches und sagst: *Hier, fühle. Das wolltest du doch.*
[Ich] lege langsam zwei Finger auf deinen Unterarm, oberhalb des Muschelbands. Deine Haut ist nachgiebig, kalt, als wärst [Du] erst von draußen hereingekommen. [Ich] spüre jedes Härchen, das sich beugt, als [Ich] darüber streiche. [Du] bekommst eine Gänsehaut.
Wie machst du das? [Ich] kann nicht aufhören: [Du] fühlst dich so echt an.
Ist nur ein Code, um die Sensoren neu zu kalibrieren, sagt [Du] und beugst dich vor, um zu flüstern: *Das ist noch nicht alles. Möchtest du mehr?*
Ein Tropfen rollt über die beschlagene Fensterscheibe. [Ich] nicke und strecke dir bereitwillig meinen Arm entgegen. [Du] löst langsam den gekräuselten Wolframdraht und wickelst ihn mir um das Handgelenk. Deine Fingerspitzen streifen mich dabei leicht.
Den anderen Arm auch.
[Ich] gehorche. Während [Du] meine Hände zusammenwebst, lasse [Ich] dich nicht aus den Augen. [Du] hast Sommersprossen auf der Nasenspitze und deine Unterlippe blättert, gesprungen vom Wintermeer. [Ich] würde so gerne ...
[Du] bindest die zwei losen Enden des Glühfadens zusammen und drückst mir den Knoten unter die Haut. Dort verwandelt er sich in einen Bernsteinsplitter und wandert meinen Arm hinauf. Es juckt. [Ich] warte, bis er in meinem Brustkorb verschwindet.

Und jetzt?, möchte [Ich] fragen, aber meine Kieferknochen rühren sich nicht. Mein Mund lässt sich nicht öffnen. [Ich] versuche es erneut, und erneut. Ist das ein Bug? Ausgerechnet jetzt?
Da krümmst [Du] einen Finger und die Tischplatte rast mir entgegen. Dann kippt der ganze Raum zur Seite. Mein Blickfeld verschwimmt an den Rändern. Etwas dreht meine Augen und ich sehe zwei Unterarme neben mir liegen und einen Wolframdraht, der sich ihnen durch die Haut sengt. Sind das meine? Warum fühle [Ich] nichts?
Das Café schwingt zurück, und erst als deine Finger in mein Sichtfeld rücken, sinkt die Erkenntnis: Du hältst in ihnen unsichtbare Marionettenfäden.
Escape! Programm beenden, aus dem Käfig aussteigen. Meine Hände, [Ich] brauche dafür meine Hände. Nichts rührt sich, nichts, bis der Raum sich wieder dreht, das Bullauge vorrückt und meine Finger anfangen, ein [Herz] auf die beschlagene Scheibe zu malen.
Lass mich!, möchte [Ich] sagen, aber sie fahren nur das [Herz] nach, malen es aus, in einem Loop, nur das [Herz].
[Ich] höre wie [Du] aufstehst – [Herz] – wie ein Stuhl über Parkett schleift – [Herz] – wie Holz knarzt. Dann taucht dein bleiches Spiegelbild in der Fensterscheibe auf. [Du] hältst eine der Masken über meinem Kopf und stülpst sie mir über.
Das Café zerfließt.
In der Dunkelheit dahinter hoffe [Ich] kurz, die Steuerung wieder übernehmen zu können – aber schon fügt sich um mich eine Landschaft zusammen: ein schwarzer Strand, eisträges Wasser.
[Ich] sitze auf einem weißen Berg, Raureif unter meinen Krallen. Der Wind plustert mir die Federn auf.
[Du] streckst mir den Arm hin, wie eine Einladung, darauf zu klettern, und sagst:
Du wolltest doch Meer.

Klick. Klick.

Sophie Marie Schmid

Sie betritt sein Zimmer. Die Rollos sind heruntergelassen und in der Dunkelheit erhellt nur das flackernde Leuchten des Bildschirms sein Gesicht. Es riecht nach Schweiß. Seine Stirn glänzt und seine Augen sind konzentriert auf den Monitor vor ihm gerichtet. Das Klicken der Maus tönt in unaufhörlichen Anschlägen an ihr Ohr. Klick. Klick. KlickKlickKlick. Unterbrochen wird es nur von seinem energischen Hämmern auf die Tastatur und gelegentlich ausgestoßenen Flüchen. Als sie ihn anspricht, erhält sie als Reaktion nur weiteres Klicken. Klick. Klick. Er kann sie nicht hören, seine Ohren sind mit großen Kopfhörern bedeckt. Ziemlich teure Teile. Sie haben ein integriertes Mikrofon, über das er mit seinen Mitspielern spricht. Seiner Community. Auf dem zweiten Bildschirm sieht sie ein Musikvideo laufen. Sie entdeckt, dass noch weitere Fenster geöffnet sind: Facebook, 9Gag, eine Onlinespiele-Seite. Pausenfüller, zwischen den einzelnen Durchgängen des Spiels, dem er gerade seine ganze Aufmerksamkeit widmet. Leere Teller und Müslischüsseln stehen neben seinem Bett. Auf dem Schreibtisch liegen einige Dosen mit Energydrinks neben einer halbvollen Flasche Spezi. Sie versucht nochmal ihn anzusprechen. KlickKlickKlick schallt es wütend zurück. Unten hört sie ihre Mutter in der Küche rumoren. Gleich wird sie zum Abendessen rufen und die Hoffnung ihrer Stimme wird die Treppe hinaufeilen. Über den Flur, hinein in dieses muffige Zimmer, direkt auf seinen angespannten Körper zu. Und dann wird die Hoffnung abprallen, an schwarzen Sony-Kopfhörern, die ihm seine Welt eröffnen und ihre Welt schalldämmen. Bis nichts mehr hinaus- und nichts mehr hineindringt. Die Hoffnung wird sich dann wieder zurückziehen, verkriechen und auf ihren nächsten

Einsatz warten. Morgen. Oder übermorgen. Oder jeden Tag der Woche. So wie heute. So wie jeden Sonntag. Sie dreht sich langsam um und steigt die Stufen hinunter. Wie erwartet steht am Treppenabsatz ihre Mutter und blickt nach oben. Sie legt ihr einen Arm um die Schulter und lächelt sie an: „Komm Mama, lass uns essen. Was gibt's denn? Ich hab schon voll Hunger!"
Klick. KlickKlickKlick. Geslayed! Der Drache löst sich in sprühende Funken auf. Klick. Klick. Ich lasse meinen Champion einen kleinen Freudentanz aufführen und dann direkt weiter zum nächsten Tower. Klick. Ich bemerke, dass meine Schwester den Raum betritt. Ich drehe mich nicht um, vielleicht geht sie dann gleich wieder. Kann jetzt nicht kommen, Klick. Klick, bin ja mitten im Spiel. Nerv mich nicht. Aus dem Gebüsch tauchen plötzlich zwei feindliche Champions auf. Klick. Klick. Klick. Damn, zu langsam! Fuck, der eine hat 'nen Zauber abgefeuert, ich kann nicht fliehen! NEIN! KlickKlickKlick. Los, mach schon! Beweg dich! KlickKlickKlick!! Tot. Verdammte Scheiße! Ich schlage die Maus auf den Tisch und stoße meinen Stuhl zurück. Als ich die Kopfhörer abnehme und mich zur Tür drehe, fällt mir auf, dass dort niemand mehr steht. Vermutlich ist meine Schwester schon lang wieder weg. Naja, egal. Ich zucke die Schultern und kratze mich am Kopf. Mein Blick fällt auf die Uhr – 19.00 Uhr. Dann essen die anderen jetzt gerade und meine Mutter hat meine Schwester gebeten, mich zu holen. Kurz überlege ich, nach unten zu gehen und ihr diesen Wunsch zu erfüllen. „Was machst du?? Komm endlich!", schreit jemand so laut ins Mikrofon, dass ich es sogar durch die abgesetzten Kopfhörer verstehen kann. KlickKlick. „Sorry, war kurz afk!" Endlich respawned renne ich los und stürze auf den gegnerischen Champion zu, der mich vor wenigen Sekunden gekillt hat. Ein paar Minuten später zerstört mein Team die feindliche Base. „GG, ez!" Good Game. Easy. Zufrieden scrolle ich durch die Spielstatistik. Über den Kopfhörer tönt Philipps Stimme. Ich drehe die Musik leiser. „Was hast du

gesagt?", frage ich in mein Mikrofon. „Bin was Essen, meine Mum nervt. Wahrscheinlich muss ich wieder über irgendwelche Sachen reden. Egal, also ein Spiel geht schon noch." Ich grinse und wähle meinen Champion für die nächste Runde. „Hört sich an wie bei mir! Meine Mutter kommt auch dauernd an und will mit mir reden. Und ich will einfach nur meine Ruhe haben. Versteht sie nicht. Ätzend."

Im Esszimmer steht der große Holztisch. Er ist gedeckt für drei Personen. Ein Gedeck für ihre Tochter, eines für sich selbst, eines für ihn. Sie stellt Gläser auf den Tisch. Er bekommt das große Glas, das er so gerne mag. Auf der Bank könnte noch eine weitere Person sitzen, aber seit langem bleibt dieser Platz leer. Manchmal bringen ihre Kinder Freunde mit, dann sitzen diese dort. Vor ein paar Jahren hat der Platz wieder jemandem gehört. Doch diese Zeit ist vorbei, die Lücke auf der Bank bleibt, der Tisch davor ist ungedeckt. Mit ihm zusammen bleibt auch immer häufiger der andere Platz leer. Ihre Tochter ist ausgezogen, sie kommt jetzt seltener zum Essen nach Hause. Immerhin jeden Sonntag. Nur er wohnt noch mit ihr hier im Haus. Auch auf seinen Platz stellt sie jeden Tag das Geschirr. Meistens, um es dann nach dem Essen wieder ungenutzt abzutragen. An ihren eigenen Platz stellt sie jetzt das Weißbierglas, das sie schon beim Kochen halb geleert hat. Sie fragt sich oft, wie das alles so kommen konnte. Und wo die Zeit hin ist, in der sie hier zu viert saßen und zu Abend gegessen haben. Sie rückt die Gabeln zurecht. Servietten fehlen auch noch. Was hat sie nur falsch gemacht? Eigentlich hat er doch alles, was er braucht. Die Zeit nach der Trennung war schwer, aber es war machbar. Und es hat ihnen an nichts gefehlt. Sie ordnet die Gläser neu. Das große Glas für ihre Tochter, das kleinste für ihn. Ja, es stimmt, sie schimpft oft über ihr Leben und über all diese ungenutzten Chancen. Alleine mit den Kindern. Sie weiß nicht, wie sie das alles geschafft hat. Irgendwie musste es wohl gehen. Das kleinste Glas für sie, das Weißbierglas für ihn. Aber eigentlich findet sie es im Rückblick doch gar nicht so schlimm. Vielleicht liegt es an der Zeit, die alles Vergangene in melancholisches Licht taucht und sie wünschen lässt, es wäre wieder wie damals. Als sie noch alle miteinander und nicht nebeneinander gelebt haben. Als sie noch nicht so einsam war und sie sich nicht so fremd waren. Unsinn! Das Weißbierglas für sich, das große für ihn. So wie es immer ist und schon immer war. Was findet er denn nur daran? In seiner neuen Welt, zu der sie keinen Zugang findet. Vor was versteckt er sich dort? Wieso hat er sich von ihr abgekehrt? Die Hilflosigkeit, die sie so oft in diesen Monaten spürt, lässt Tränen in ihr aufsteigen. Sie ringt sie nieder und legt die Servietten auf den Tisch. Dann geht sie zur Treppe und ruft nach ihren Kindern. Als sie Schritte auf der Treppe hört, dreht sie den Kopf und blickt erwartungsvoll nach oben. Das Gesicht ihrer Tochter sieht ihr entgegen. Sie weiß, dass er nicht kommen wird, denkt sie. Wir wissen es beide. „Komm Mama, lass uns essen. Was gibt's denn? Ich hab schon voll Hunger!"

„Ich geh mal was essen. Bis gleich." Kurz überlege ich, ob ich selbst nach unten gehen soll, aber ich kann mir schon denken, was mich da erwartet. Besser ich schicke ihn vor. Ich lege die Kopfhörer zur Seite und er steht auf. Während ich ihn dabei beobachte, wie er die Treppe hinunter schlurft und sich an den Esstisch setzt, denke ich an die nächsten Spiele. Heute stehen noch mindestens drei Stück an, davon ein ranked game. Das muss ich unbedingt gewinnen, damit ich einen Rang aufsteigen kann. Platin 4, dann haben sich die letzten acht Monate gelohnt. Und dann einfach dranbleiben, dann geht da auch noch mehr. Er spießt ein Stück Fleisch auf seine Gabel und führt es zu seinem Mund. Gemächlich kaut er darauf herum, während vor mir nochmal die Schlussszene des letzten Spiels abläuft. Das Timing war wirklich perfekt! Heute bin ich gut drauf, da werd ich das

Spiel später auf jeden Fall gewinnen. Zum Glück spielt Philipp heute mit mir. Auf den kann ich mich immer verlassen. Ich beobachte, wie meine Mutter etwas zu ihm sagt und ihn dann erwartungsvoll anschaut. Er hebt kurz den Kopf und brummt etwas Unverständliches. Eine Zustimmung vielleicht. Meine Mutter wirkt nicht zufrieden mit der Antwort, begnügt sich aber damit und lässt ihn weiter essen. Wo war ich gerade? Ach ja – das letzte Spiel … Er steht auf, stellt den Teller in die Maschine und geht wieder die Treppe nach oben in das abgedunkelte Zimmer. Er schaltet den Bildschirm ein und setzt die Kopfhörer auf meine Ohren. Weiter geht's! Was habe ich da eigentlich gerade gegessen? „Philipp, bin wieder da! Jetzt bashen wir sie!"

Sie schreckt aus dem Schlaf hoch. Verwirrt blickt sie sich um. Was war das? Ihr Blick fällt auf den Wecker. Fünf Uhr morgens. Sie lauscht. Nichts. Wahrscheinlich nur ein Traum. Langsam lässt sie den Kopf auf ihr Kissen zurück sinken. „Verdammte Scheiße! Was soll das? Was macht der da?!" Sie reißt den Kopf hoch und sitzt aufrecht im Bett. Die Schreie und Flüche werden immer lauter. Sie kommen aus dem Nebenzimmer, wo er eigentlich schlafen sollte. Was ist denn los mit ihm? Spielt er immer noch? Spinnt der? Sie schlägt die Decke zurück und steht entschlossen auf. Der kann was erleben! So kann das nicht weitergehen, das ist ja krank! Als sie die Tür zu seinem Zimmer öffnet, sieht sie ihn vor sich sitzen, schweißgebadet und wild auf die Tastatur einhämmern. Über das Mikrofon schickt er wüste Verwünschungen und drischt dabei noch fester auf die Maus ein. Auf dem Bildschirm zucken bunte Lichter, kleine Figuren hetzen in alle Richtungen und sein Mauszeiger zischt unstet von einer Ecke zur anderen. Das ist zu viel für sie. Mit wenigen Schritten steht sie hinter ihm, packt seinen Stuhl und zerrt ihn nach hinten. Fast fällt er vom Stuhl. Dann springt er mit einem wütenden Schrei auf, dreht sich zu ihr um und schießt ihr mit seinen Augen Blitze entgegen. „Was soll das??

Siehst du nicht, dass ich mitten im Spiel bin? Wegen dir bin ich jetzt gestorben und wir verlieren das Spiel! Geh raus! Raus aus meinem Zimmer!" Kleine Adern pulsieren an seiner Schläfe und seine Stimme droht sich zu überschlagen. Sie schüttelt den Kopf so heftig, als könnte sie damit die Tränen aufhalten. „Hast du schon mal auf die Uhr geschaut? Geh jetzt ins Bett, es ist schon fünf Uhr! Du musst morgen in die Schule! Wie willst du das machen? Kein Wunder, dass deine Lehrer dauernd hier anrufen und fragen, was mit dir los ist. So kann das nicht weitergehen! Mir reicht's! Morgen kommt das Teil weg." Sie dreht sich um und geht zurück ins Bett. Als sie den Raum verlässt, schlägt er die Tür hinter ihr zu und schraubt von innen die Klinke ab, sodass sie ihn nicht mehr stören kann. Tränen laufen ihr über das Gesicht. Was hat sie nur falsch gemacht?

Ich wache auf. Obwohl mein Rollladen heruntergelassen ist, dringen Sonnenstrahlen durch die kleinen Ritzen zu mir ins Dunkel. Müde reibe ich mir über das Gesicht. Vor mir tauchen Szenen der letzten Nacht auf. Erst der Doublekill und dann übertrieben leicht zur Basis durchgekommen. Platin 4 – endlich ein Rang höher. Zufrieden nehme ich mein Handy und lese meine Nachrichten. Meine Mutter hat mehrmals versucht, mich anzurufen. Andere Szenen der letzten Nacht: meine zeternde und weinende Mutter, mein toter Champion. Wenn Phillip die Deckung nicht gehalten hätte, wär's gelaufen gewesen. Aber am Ende haben wir die Map wieder kontrolliert. Als mir auffällt, dass es schon Mittag ist und ich die abgeschraubte Klinke am Boden liegen sehe, erschrecke ich ein bisschen. Ich sollte eigentlich in der Schule sein! Langsam stehe ich auf, ziehe mich an und verlasse mein Zimmer. Vor meiner Tür finde ich einen Zettel, der mich in der Schrift meiner Mutter darüber informiert, dass sie sehr enttäuscht von mir ist und es so nicht weitergehen kann. Außerdem steht da auch, dass sie bei der Schule angerufen hat, um mich zu entschuldigen, da sie meine Türe nicht aufbekommen hat. Chillig, dann kann ich ja wieder schlafen. Immerhin haben Philipp und ich uns heute Abend wieder mit ein paar anderen zum Spielen verabredet.

Als sie nach der Arbeit nach Hause kommt, schläft er tief und fest. Die Tür zu seinem Zimmer steht offen und er liegt angezogen auf dem Bett. Neben seinem Kopf liegt sein Handy auf dem ein Video mit dem Spiel läuft, das er immer spielt. Sie hat schon häufig gesehen, wie er sich diese Videos ansieht, wenn er gerade nicht spielt oder wenn er nicht schlafen kann. Irgendwelche „Profis", die ihre Spiele kommentieren und damit einen Haufen Geld verdienen. Sie schüttelt den Kopf. Dann geht sie in sein Zimmer, steckt Maus und Tastatur aus und nimmt sie mit in ihr Schlafzimmer. Sie lässt sich aufs Bett fallen und stützt den Kopf in die Hände. Was soll sie nur mit ihm machen? Wie soll das weitergehen? Nachdem sie die beiden Geräte sicher versteckt hat, geht sie nach unten und fängt an zu kochen. Irgendwann hört sie Schritte auf der Treppe, und als sie sich umblickt, steht er verschlafen im Raum. Er hat den Blick auf den Boden gesenkt und murmelt etwas. Eine Entschuldigung vielleicht. Dann schaut er ihr über die Schulter in die Pfanne und gibt ihr zu verstehen, dass er Hunger hat. Erstaunt stellt sie fest, dass er dann direkt ins Esszimmer geht und anfängt, den Tisch zu decken. Vielleicht hat die Auseinandersetzung heute Nacht ja doch etwas bei ihm bewirkt. Ein bisschen besänftigt rührt sie im Essen und überlegt, ob es ein Fehler war, ihn in der Schule zu entschuldigen. Natürlich geht das so eigentlich nicht. Andererseits wäre dann aufgefallen, dass er schwänzt. Er verbaut sich einfach alles durch dieses dumme Spiel. Freunde hat er auch schon lange keine mehr mitgebracht. Nein – es war die richtige Entscheidung. Sicherlich hätte die Schule dann irgendwie Verdacht geschöpft und am Ende stehen Polizei und Jugendamt vor dem Haus. Das kann sie wirklich nicht gebrauchen. Die Nachbarn reden eh schon hinter ihrem Rücken über sie, da ist sie sich sicher. Alleinerziehende Mutter, das kann ja nur schiefgehen. Pah – soweit lässt sie es nicht kommen. Dann lieber eine kleine Notlüge. Aber mit ihm muss sie trotzdem nochmal reden. So kann es nicht weitergehen.

Als ich erneut die Augen öffne, fühlt sich mein Kopf ganz benommen an und an Stelle meines Magens klafft ein riesiges Loch. Kein Wunder – immerhin habe ich bis abends durchgeschlafen. Meine Zimmertür steht offen und als ich mich aufsetze, sehe ich, dass meine Mutter wiedermal meine Maus und die Tastatur mitgenommen hat. Naja, macht nichts, erst mal muss ich eh was essen. Sonst kann ich mich später nicht richtig konzentrieren. Vielleicht sollte ich mich auch bei ihr entschuldigen. Eigentlich wollte ich sie gar nicht so anschreien. Aber ihre Reaktion war auch völlig übertrieben! Hätte sie nicht warten können, bis ich fertig bin mit meinem Spiel? Und immer kommt sie einfach so in mein Zimmer. Unten höre ich sie in der Küche werkeln, im Haus riecht es sehr gut nach Essen, was meinen Magen direkt zu einigen protestierenden Lauten anregt. Ich schwinge die Beine über die Bettkante, stecke mein Handy ein und sehe noch einmal wehmütig zum Computer. Naja, es muss sein. Sicherlich wird sie dann auch wieder etwas besser drauf sein. Ich lasse ihn zuerst ins Bad gehen, beschließe dann, dass er sich erst nach dem Essen waschen soll, und gehe mit ihm die Treppe hinunter. Das mit der Maus ist nicht weiter schlimm, ich habe mir inzwischen schon zwei neue für den Notfall gekauft und sie an unterschiedlichen Orten versteckt. Bisher ist ihr das nicht aufgefallen. Viel ärgerlicher ist die Tastatur, da besitze ich nämlich nur eine. Er betritt die Küche, streckt sich kurz und richtet den Blick auf den Boden. Ich weiß, dass es ihm unangenehm ist, nach solchen Nächten mit ihr zu sprechen. Er mag es nicht, sich zu entschuldigen. Aber es muss sein. Er murmelt ein leises „Guten Morgen" und „Entschuldigung" und späht dann über ihre Schulter in die Pfanne. Hm, riecht sehr gut. Bratkartoffeln mit Spiegelei, sein Lieblingsessen.

Er macht sich daran, den Tisch zu decken. Er weiß genauso gut wie ich, dass sie das besänftigen wird. Er ist eben nicht der größte Redner, aber sie weiß, dass das seine Entschuldigung ist. Vielleicht gibt sie ihm dann ja später auch die Tastatur zurück. Dann kann ich vielleicht doch noch mit meinen Freunden spielen. Vermutlich will sie aber noch über die Schule reden. Ein leichtes Unwohlsein regt sich in mir, als ich daran denke. Nächste Woche muss er die Matheklausur überstehen und dann das Abi in ein paar Monaten. Keine Ahnung, ob er das schafft, aber ich vertrau ihm. Bisher hat er mich selten im Stich gelassen. Dumm ist er auch nicht. Immerhin befinde ich mich momentan im oberen Drittel der besten Spieler. Das schaffst du nicht, wenn du ein Depp bist! Als er fertig mit Tischdecken ist, setzt er sich auf die Bank und wartet. Dabei holt er das Handy heraus und starrt auf den Bildschirm. Ich sehe mir das Ligaspiel von heute in der Wiederholung an. Ich habe es verpasst, als ich geschlafen habe. Die Japaner gegen die Amis. Ihre Champions huschen über den Bildschirm, ein Kommentator fasst die wichtigsten Schlüsselszenen zusammen. Er hebt den Kopf, als seine Mutter das Essen auf den Tisch stellt, und ringt sich ein Lächeln ab. „Danke für's Kochen", nuschelt er. Sie setzt sich ebenfalls und reicht ihm die Kartoffeln. Sie essen beide einige Minuten schweigend, dann platzt es aus ihr heraus: „Was sollte das gestern Nacht wieder? Wir hatten doch ausgemacht, dass du nach zwölf Uhr nicht mehr spielst! Und das mit der Schule – so geht das nicht! Ich kann dich nicht einfach immer entschuldigen! Du machst dir alles kaputt, siehst du das nicht? Wie willst du das Abi schaffen, wenn du nie anwesend bist und total übermüdet? Und wenn du hingehst, dann bist du eigentlich gar nicht wirklich dort! Deine Lehrer sagen, du schaust oft einfach nur aus dem Fenster und träumst." Er schluckt die Reste der Kartoffeln runter und sieht sie an. „Das war halt gestern ein wichtiges Spiel, Mama! Ein ranked game und wenn ich die Spiele verliere, dann steig ich ab." Ich konzentriere mich auf das Gespräch mit meiner Mutter und versuche, ihn zu unterstützen. Es ist wichtig, sich manchmal mit ihr zu unterhalten. Immerhin ist sie oft alleine. Ich weiß, dass sie es nicht leicht hat. Und außerdem steigt so die Chance, die Tastatur wiederzubekommen. Innerlich stupse ich ihn ein bisschen an. „Und ja weißt du, alle waren online gestern." „Um fünf Uhr morgens?!" „Ja, wegen der Zeitverschiebung, da spielen auch welche aus anderen Ländern mit und mit denen hatten sich Philipp und ich verabredet." „Aber die kennst du doch gar nicht. Was sind das für Leute? Das sind doch keine Freunde." Er senkt den Kopf und stochert auf seinem Teller herum. Sie kann das einfach nicht verstehen. Für ihn sind das keine Fremden. Für mich sind sie nicht fremd! Sie sind meine Freunde, auf die ich mich verlassen kann. Es ist mir egal, dass ich nicht weiß, wie sie aussehen. Oder was sie sonst so machen. Das wissen sie von mir ja auch nicht. Und es ist auch unwichtig. Wichtig ist, wie man spielt. Das sagt genug über einen Menschen aus. Manchmal denke ich, dass es für ihn da draußen in der Schule und im Leben auch leichter wäre, wenn es den Leuten egal wäre, wie man aussieht und was man sonst so macht. Im Spiel kann ich sein, wie ich bin. Da schreibt mir keiner was vor. Nicht so wie in seiner Welt – da wollen alle dauernd irgendwas von einem. Mach dies nicht, tu das, du musst doch ... Ich bin froh, dass er irgendwann angefangen hat, sich um solche Situationen zu kümmern. Dann habe ich meine Ruhe und kann mich mit wichtigeren Dingen beschäftigen. Schweigend sitzt er die restliche Zeit am Tisch und isst, während seine Mutter ihm zuerst noch weitere Vorwürfe macht, um dann etwas besänftigt durch seine Anwesenheit und seine ungewöhnliche Gesprächigkeit von ihrem Tag zu erzählen. Kommt ihm alles seltsam bekannt vor, im Wesentlichen nichts Neues. Ich denke in der Zwischenzeit wieder an das Ligaspiel und welchen Champion ich später auswählen werde.

Die Tochter sperrt die Tür auf und betritt das Haus. Wie jedes Wochenende fühlt sie sich hin- und hergerissen zwischen der Freude, die Familie zu sehen und zuhause wiedermal abschalten zu können, und der Anspannung, die greifbar direkt im Flur liegt. Früher war das nicht so. Da war das Haus ihrer Mutter wie ein kleiner Ruhepol im Alltag für sie, abgeschieden und friedlich. Aber seit die Situation so ist, wie sie ist, mischt sich immer mehr Widerwillen in ihre wöchentlichen Besuche. Was sie wohl heute erwartet? Anscheinend waren die letzten Tage relativ ruhig. Das geht zumindest aus den Nachrichten ihrer Mutter hervor. Letzte Woche gab es einen größeren Krach, ihre Mutter hatte mehrmals versucht, sie anzurufen, und ihr weinende Nachrichten auf die Mailbox gesprochen. Er hatte anscheinend wieder bis spät in die Nacht gespielt und war ausfallend und abweisend. Danach war er für einige Tage friedlich, vielleicht tat es ihm leid, wie er mit seiner Mutter umgegangen war. Vielleicht wollte er sie auch einfach nur besänftigen und sie dazu bringen, ihm seine Tastatur wieder zu geben. Ihre Mutter nimmt sich das alles immer sehr zu Herzen. Manchmal wünscht sie sich für ihre Mutter, dass sie alles etwas gelassener sehen könnte. Irgendwann wird er es schon selbst merken. Aber ihre Mutter ist nun mal ihre Mutter. Sie kann das nicht von sich weg schieben. Immerhin geht es um ihre Kinder und auch um sie selbst. Die Angst, versagt zu haben, scheint für sie alles zu überschatten. Dabei hat sie doch schon eine Tochter, die ihren Weg geht. Ihr Sohn braucht eben etwas länger. Sie sollte ihn manchmal einfach in Ruhe lassen und nicht dauernd versuchen, an ihn ranzukommen. Das macht alles nur schlimmer. Und dann hilft sie ihm auch immer noch! Sie kocht und wäscht für ihn, sie entschuldigt ihn in der Schule. Kein Wunder, dass er sich nicht ändert, ohne Konsequenzen. Und immer diese leeren Drohungen. Die Tochter spürt, wie sie innerlich wütend wird, und schiebt die Überlegungen schnell auf die

Seite. Sie ist nicht hergekommen, um sich zu streiten. Es ändert ja doch nichts. Und wer weiß, wie sie reagieren würde, wenn es ihr Sohn wäre, der Tag und Nacht spielt. Irgendwann wird es sicher wieder besser werden. Sie stellt ihre Tasche in ihrem Zimmer ab und geht in den Garten, wo ihre Mutter sitzt und ein Weißbier trinkt. Nachdem sie sich ein bisschen unterhalten haben, geht sie nach oben zu ihm ins Zimmer. Er sitzt auf dem Bett und schaut sich ein Video auf dem Handy an. Sie setzt sich neben ihn und schaut zu. Irgendwann hebt er den Kopf, begrüßt sie und lächelt. Sie ist froh, dass er ihr manchmal Zugang zu sich gewährt. Ihr erzählt er immerhin ab und zu etwas, meistens geht es dabei allerdings um das Spiel. Irgendwann wollte sie es selbst mal ausprobieren, hat es dann aber schnell wieder aufgegeben. Das lag gar nicht daran, dass es ihr nicht reizvoll oder spannend erschien. Es war ihr einfach zu hektisch und zu komplex. Um gut zu spielen, musste man sich mit sehr vielen Regeln und Taktiken beschäftigen. Sie wusste auch einfach nicht, wie sie sich in dieser Community verhalten sollte. So viele Abkürzungen, die sie nicht verstand, irgendwelche Verhaltensregeln, die sie nicht durchschaute, und Hierarchien, zu denen sie keinen Zugang fand. Eine eigene Welt eben. So viel Zeit, um sich dort einzuleben, wollte sie dann doch nicht investieren. Zugegeben – sie konnte trotzdem nachvollziehen, warum ihr Bruder das Spiel so gerne mochte. Es war schon verlockend, die Rangleiter weiter nach oben zu steigen, sich mit den anderen zu vergleichen und eine direkte Belohnung durch gutes Spielen zu erhalten. Trotzdem hatte sie schnell gemerkt, dass es sie aggressiv machte, wenn ihre Mitspieler schlecht spielten und sie deshalb verlor oder wenn etwas anders lief als erwartet. Diese Reaktionen konnte sie auch bei ihrem Bruder beobachten. Manchmal kam es ihr vor, als wäre er nicht er selbst, als hätte er mehrere Seiten. Eine versöhnliche, schüchterne und nette Seite, die oft in Situationen zum Vorschein kam, wenn er nicht spielte und wenn sie, wie gerade eben, zu ihm kam. Und eine unzugängliche, leicht reizbare Seite, die geprägt von Müdigkeit und Spieldrang schnell ausfällig und schroff wurde. So unterschiedlich sind sich Mama und er gar nicht, denkt sie. Beide sind sie einsam, beide umgeben sie sich mit Menschen, beide suchen sie Bestätigung. Nur eben auf unterschiedliche Weisen. Sie schaut mit ihm zusammen weiter auf den Bildschirm und lässt sich von Zeit zu Zeit ein paar Regeln erklären.

Meine Schwester kommt ins Zimmer und setzt sich zu mir. Ich lasse es mir nicht anmerken und schaue weiter auf das Display meines Handys, aber ich freue mich, dass sie da ist. Ich mag die Tage, an denen meine Schwester nach Hause kommt. Meine Mutter wirkt dann ruhiger und ich fühle einen Puffer zwischen ihr und mir, der die Anspannung zumindest für kurze Zeit löst. Außerdem bringt sie neue Gesprächsthemen mit nach Hause. Dann dreht sich nicht immer nur alles um mich, um das Spielen, um die Schule oder um Mamas Arbeit. Meine Schwester fragt oft nach meinem Spiel und meinen Fortschritten. Ich finde es amüsant, wie sie versucht, über das Spiel mit mir Kontakt aufzunehmen. Meistens lasse ich es zu, um ihr ein gutes Gefühl zu geben. Viel daran gelegen ist mir aber eigentlich nicht. Ich fühle mich nicht einsam, auch wenn das wohl immer alle denken. Betonen sie ja oft genug. Als meine Mutter uns zum Essen ruft, steht meine Schwester auf und sieht mich kurz erwartungsvoll an. Da ich sowieso Hunger habe, lege ich das Handy weg und stehe auf. Kurz überlege ich, ihn wieder vorzuschicken, aber dann entscheide ich mich dagegen. Heute gehe ich selbst nach unten – im Grunde bleibt ja trotzdem alles so, wie es ist.

Sie steht am Treppenabsatz und sieht nach oben. Zwei paar Füße steigen die Stufen nach unten. Heute bleibt sein Platz nicht leer. Heute ist ein guter Sonntag.

Schwalbe

Manuel Schumann

Es dürfte bekannt sein, dass mit dem Wort „Schwalbe" nicht nur eine Vogelart gemeint sein kann, sondern eben auch ein absichtliches Sich-Fallen-Lassen im Fußball, um einen Freistoß oder gar einen Elfmeter zu schinden. Für Bernard Bodenauer, 47 Jahre, geboren in Friedrichshafen, existierte dieses Wort jedoch Zeit seines Lebens nur in einer dieser beiden Bedeutungen. Wahrscheinlich hatte er ganz vergessen, dass „seine" Schwalbe ursprünglich auf einen Vogel zurückging, und er war wohl kaum dazu in der Lage, eine Schwalbe von irgendeiner anderen Vogelart zu unterscheiden.

Vor nur wenigen Monaten hatte Bernard Bodenauer seine Karriere als Schiedsrichter beendet. Jahrelang hatte er an jedem Wochenende auf dem Platz gestanden und dabei nicht nur über Foul oder Schwalbe, sondern auch über Tor oder nicht Tor, Sieg oder Niederlage und Meisterschaft oder Abstieg entschieden. Die Saison hatte inzwischen wieder begonnen und Bernard Bodenauer wusste zunächst nicht so recht, was er mit seinem freien Samstag anfangen sollte. Er entschloss sich, einkaufen zu gehen. In den ersten paar Minuten blieb alles ruhig, er holte die entsprechenden Produkte nacheinander aus den Regalen und behielt den Überblick über das Geschehen. An der Kasse jedoch hatte sich eine lange Schlange gebildet. Als Bernard Bodenauer gerade seine Einkäufe auf das Band legte, ertönte die Lautsprecher-Durchsage, dass nun eine neue Kasse eröffnet werde. Er achtete zunächst nicht darauf, was hinter seinem Rücken geschah, doch plötzlich hörte er einen lauten Ruf: „Ey, Schiri!" Er drehte sich um. Ein Mann redete wild gestikulierend auf ihn ein. „Hast du das denn nicht gesehen? Der da hat sich vorgedrängelt!" Dabei zeigte er auf einen anderen Mann, der in der Tat direkt vor ihm stand. Der Beschuldigte wies natürlich alle Schuld entrüstet von sich: „Der simuliert doch nur! So ein Schauspieler! Gratulation, eine wirklich oscarreife Leistung!" Bernard Bodenauer hatte den Zweikampf nicht gesehen, versuchte aber, die beiden Streithähne mit mahnenden Worten zu beschwichtigen, um die drohende Rudelbildung zu verhindern. Dennoch waren beide Seiten nicht zufrieden. „Hast du denn Tomaten auf den Augen!", bekam er zu hören, gefolgt von „Kauf dir lieber mal eine Brille!". Er beschloss, diese Sprüche nicht zu sanktionieren, sondern zahlte an der Kasse und verließ den Supermarkt.

Während der ganzen Heimfahrt musste Bernard Bodenauer an diese Szene denken und auch am Sonntag ließen ihn seine Gedanken nicht los. Gegen Mittag schaltete er den Fernseher ein. Auf dem Sportsender saßen einige Herren in einer Diskussionsrunde beisammen. „Kommen wir nun zu dem Aufreger-Thema des Wochenendes", sagte der Moderator. „Hier sehen wir noch einmal die Szene, die sich gestern im Supermarkt ereignet hat." Zu Bernard Bodenauers Überraschung wurde in der Tat eine Zeitlupe von der unglücklichen Situation im Supermarkt gezeigt. Der Moderator bat einen der Experten darum, die Szene zu analysieren: „Ja, hier sehen wir ganz eindeutig, wie Herr Müller seinen Einkaufswagen an dem von Herrn Schmidt über die Außen vorbeischiebt. Eine klare Unsportlichkeit, Schmidt hat sich völlig zurecht beim Schiedsrichter darüber beschwert. Müller hätte mindestens die gelbe Karte sehen müssen. Ein grober Fehler des Schiedsrichters, ich denke, da brauchen wir überhaupt nicht zu diskutieren. Das darf einem solch erfahrenen Mann wie Bodenauer einfach nicht passieren." Als Bernard Bodenauer die Szene im Fernsehen sah, wurde es ihm bewusst: Er hatte eine Fehlentscheidung getroffen.

Im Laufe der nächsten Woche, als er seinen alltäglichen Beschäftigungen nachzugehen versuchte, wurde ihm sein Fehler auf der Straße immer wieder vergegenwärtigt. „Pfui!", riefen einige Passanten, und die geringfügig Kreativeren unter ihnen bedachten ihn mit Sprüchen wie „Wo haben Sie denn Ihren Blindenhund?" oder auch „Soll ich Ihnen über die Straße helfen?". Bernard Bodenauer versuchte diese Kommentare mit Humor aufzunehmen, doch es wollte ihm nicht so recht gelingen. Am Samstag ging er wieder einkaufen. Er nahm sich vor, diesmal besonders wachsam zu sein, um die Scharte von der letzten Woche wieder auszuwetzen. Schon auf dem Parkplatz bemerkte er, dass ein Auto relativ schräg positioniert war. Er bückte sich, kniff die Augen zusammen und bemerkte, dass das rechte Vorderrad tatsächlich mit vollständigem Reifenumfang über die Linie hinausragte. Da der Besitzer des Autos nicht anwesend war, beschloss er, die fällige gelbe Karte an den Scheibenwischer zu klemmen. Mit einem souveränen Lächeln trat er in den Supermarkt ein. Während des Einkaufens musste er zwar einige Leute ermahnen, wie etwa eine Mutter mit ihrem Kind, die den anderen Kunden den Weg versperrte, insgesamt blieb er aber stets Herr der Lage. Als er sich jedoch wieder an der Kasse anstellte, sah er plötzlich, wie sich ein etwa 10-jähriger Junge aus stark abseitsverdächtiger Position an einer alten Dame vorbeischob. Diesmal musste er hart durchgreifen. Bernard Bodenauer pfiff in seine Pfeife und trat an den Jungen heran. Mit einem Griff in seine hintere Hosentasche zückte er die rote Karte und streckte sie in die Höhe. Natürlich spielte der Junge das Unschuldslamm, eine einzelne Träne kullerte ihm über die Wange – es war wohl sein erster Supermarktverweis. Erste Buh-Rufe waren von den umstehenden Kunden zu hören, schließlich meldete sich die alte Dame zu Wort: „Ich hab den Buben doch mit Absicht nach vorne gelassen, weil ich doch so viele Sachen habe und er nur ein Snickers." Während der Junge mit gesenktem Haupt und dem Snickers in der Hand aus dem Supermarkt trabte, entwickelte sich ein gellendes Pfeifkonzert.

Darin mischten sich zahlreiche Beleidigungen wie „Wichser!" oder „Hurensohn!" und natürlich wurden Bernard Bodenauer einige Mittelfinger entgegengestreckt. Es war eine kritische Situation und in dem Bestreben, nicht die Kontrolle über das Spiel zu verlieren, verteilte er noch einige Karten und Ermahnungen. Doch nachdem der Kassierer ihm sein Wechselgeld entgegengeschleudert und dabei den Satz „Beehren Sie uns bald wieder, Arschloch!" gezischt hatte, musste er den Supermarkt fluchtartig verlassen, denn ihm wurden Tomaten, Eier und andere zur Verfügung stehende Lebensmittel hinterhergeworfen. Er nahm sich vor, diesen Vorfall in den Spielberichtsbogen einzutragen. Auf dem Parkplatz angekommen, stand um sein Auto herum eine Gruppe von Leuten, die das Lied „Schiri, wir wissen, wo dein Auto steht" grölten. Er schob sich durch die pöbelnde Menge, um sein Auto zu begutachten, konnte aber keine Beschädigungen feststellen. „Glaubst du etwa, wir demolieren deine scheiß Karre?", rief einer der Leute. „Das wäre ja eine Straftat! Wofür hältst du uns eigentlich, du Wichsfresse! Und deine gelbe Karte kannst du dir in den Arsch stecken, das war nie und nimmer vollständiger Reifenumfang!" Er nahm die gelbe Karte, die ihm in die Hand gedrückt wurde, wieder an sich, stieg in sein Auto und fuhr davon. Während der Fahrt malte er sich, begleitet vom aggressiven Hupen der anderen Autos, die Reaktionen auf seine Entscheidung aus. „Gelb hätte völlig ausgereicht", hörte er die Experten sagen, „Nach der roten Karte ist Bodenauer das Spiel komplett entglitten! Eine unterirdische Leistung, ein wirklich rabenschwarzer Tag des Schiedsrichters!"

Als Bernard Bodenauer mit den Einkäufen in seine im Erdgeschoss gelegene Wohnung eintrat, hörte er ein leises Stöhnen aus dem Schlafzimmer. War etwa jemand verletzt und musste ausgewechselt werden? Er sprintete ins Schlafzimmer und fand dort seine Frau Sabine zusammen mit seinem besten Freund

Heiko vor. Ein klarer Strafstoß. Beherzt pfiff Bernard Bodenauer in seine Pfeife, zückte die gelbe Karte und zeigte sie sowohl seiner Frau Sabine als auch seinem besten Freund Heiko, begleitet von einem strengen Blick. Daraufhin kam seine Frau auf ihn zugestürmt. „Sag mal, Bernard, geht's noch?" Sie tippte sich mit dem rechten Zeigefinger auf ihre Schläfe. „Ich ficke mit deinem besten Freund und du zeigst uns beiden nur die gelbe Karte? Das ist ja lächerlich! Da muss man doch Rot sehen!" Er wollte sie zur Ruhe ermahnen, aber sie war noch nicht fertig. „Und wir haben schon seit Langem eine Affäre, aber du hast es übersehen, Bernard, du hast es einfach übersehen. Heiko hat da nun mal die strengere Linie, er würde so etwas nicht durchgehen lassen. Es tut mir leid, Bernard, aber du hast einfach nicht mehr das nötige ... Fingerspitzengefühl." Seine Frau Sabine verließ gefolgt von seinem besten Freund Heiko die Wohnung, obwohl er sie nicht des Feldes verwiesen hatte.

In den folgenden Tagen ging Bernard Bodenauer kaum einmal nach draußen. Und wenn er es aus irgendeinem Grund doch tun musste, wurde er immer wieder bepöbelt und in rüdem Ton um seine Beurteilung gebeten. Die Nachbarn sind zu laut? Ey, Schiri! Der Typ hat mir die Vorfahrt genommen? Ey, Schiri! Der Paketbote kommt immer dann, wenn ich nicht daheim bin? Ey, Schiri! Zudem bekam er ständig Anrufe von irgendwelchen Leuten, die ihn mit Sprüchen wie „Glasklarer Elfmeter!" oder „Der hat schon Gelb!" anbrüllten und sofort wieder auflegten. All dies veranlasste ihn dazu, sich zu keinem Zeitpunkt zu entspannen, sich zu keinem Zeitpunkt hinzulegen oder gar zu schlafen. Stattdessen tigerte er durch seine Wohnung und beobachtete alle Gegenstände argwöhnisch, ganz so, als könnten sie jederzeit einen folgenschweren Regelverstoß begehen. Nach einigen Tagen des hektischen Umherstreifens und Umsichblickens blieb er schließlich vor dem Küchenfenster stehen und schaute in die Welt hinaus. Der strahlend weiße

Himmel hatte eine beruhigende Wirkung auf ihn. Nachdem er seinen Blick eine ganze Weile über den Horizont hatte schweifen lassen, stürmte er aus seiner Wohnung, wie einer plötzlichen Eingebung folgend. Nur wenig später stand er auf dem Dach des höchsten Gebäudes der Stadt. Das Spiel befand sich längst in der Nachspielzeit und selbst die war eigentlich schon abgelaufen. Bernard Bodenauer pfiff dreimal in seine schwarze Pfeife und warf sie daraufhin den Abgrund hinunter. Gleiches tat er auch mit seinen schwarzen Schuhen, seinem schwarzen Shirt, seiner schwarzen Hose und seinen schwarzen Stutzen. Als seine blasse Haut zum Vorschein kam, wusste er, dass er nun seine letzte Entscheidung getroffen hatte. Mit etwas Anlauf stürzte sich Bernard Bodenauer kopfüber vom Dach. Wenn er nach unten geschaut hätte, hätte er die entsetzten Blicke der Leute gesehen, die auf dem Erdboden standen. Doch Bernard Bodenauer schaute nicht nach unten. Und selbst wenn, selbst wenn er sie gesehen hätte, hätte ihn das gar nicht interessiert. Ein erhabenes Gefühl breitete sich in ihm aus. „Schwalbe!", jauchzte er, „Schwalbe! Schwalbe! Schwalbe!", rief er in die Lüfte hinaus. Und er schwang sich mit seinen Flügeln einem neuen Horizont entgegen.

Weiß das Leben, Schwarz der Tod

Laura Stadler

Sogar der Kaffee hier schmeckt nach Desinfektionsmittel.
Mit gekräuselter Nase schiebst du den Schluck in deinem Mund hin und her, blickst einen Moment lang zu dem Pappbecher in deiner linken Hand, dessen Farbe irgendwo zwischen bonbonrosa und ausgeblichenem Rot liegt. Du überlegst, ob du den Kaffee zurückspucken sollst, schiebst ihn ein weiteres Mal von der linken zur rechten Wange – und zwingst dich dann doch dazu, ihn herunterzuwürgen.
Mit einem leisen, angeekelten Laut schiebst du den Pappbecher von dir, blinzelst einige Male und schüttelst den Kopf.
Dann lässt du deinen Stuhl nach hinten kippen, bis sich die Lehne an der Wand verkeilt und du bequem sitzen kannst und nicht befürchten musst, jeden Moment hintenüber zu kippen.
Du bist oft hier.
Trotz des Desinfektionsmittelkaffees und der drückenden Atmosphäre, die wie dicke Spinnenfäden in jeder Ecke des ländlichen Krankenhauses hängen.
Du magst es, die Menschen hier zu beobachten, wie sie sich unterhalten oder Brettspiele spielen. Manchmal redest du mit jemandem, wechselst Worte, bei denen du merkst, wie sehr sie ihnen gefehlt haben.
Gerade den alten Menschen mit den tiefen Furchen in den ausgemergelten Gesichtern. Sie sind schon seit vielen Jahren Dauergäste hier, kennen das Personal, haben so viele Menschen kommen und gehen sehen.
Du bringst ihnen eine sanfte Brise von diesem *Draußen*, das für sie längst zu einer Erinnerung verblasst ist.
Beiläufig pustest du dir eine Haarsträhne aus dem Gesicht und lässt deinen Blick schweifen. Über all die Bücher und Schach-

teln mit Spielen, die in den Holzregalen aufgestapelt sind, die vor zwanzig Jahren vermutlich jeder in seine Einrichtung aufgenommen hat. Von den Regalen wandern deine Augen weiter über die kleinen Blumenvasen auf den quadratischen Tischen hier. Einen Moment lang streckst du die Hand nach derjenigen aus, die auf deinem Tisch steht, ziehst deine Finger aber wieder zurück.
Du weißt, dass die Blumen aus Plastik sind, aber dir gefällt diese Illusion, die sie schaffen.
Ein klein bisschen Leben in dieser trost- und hoffnungslosen, immer hektischen Welt.
Wen kümmert es da schon, dass dieses Leben künstlich ist?
Statt zur Blume greifst du nach deinem Notizbuch, blätterst durch dutzende vollgeschriebene und bemalte Seiten, bis du endlich eine leere findest.
Das Leben hat dich schon immer fasziniert, deshalb kramst du jetzt in deiner Hosentasche nach einem Bleistift, betrachtest kurz prüfend die Mine und setzt die Spitze dann auf die linierte Seite.
Mit schnellen, geübten Bewegungen skizzierst du die Blume, widmest dich jedem einzelnen Blütenblatt so lange, als wäre es ein eigenes Portrait.
Du bist gerade beim siebten Blatt, als ein Schatten auf dich fällt und dich innehalten lässt.
Mit gehobener Augenbraue blickst du nach und blinzelst am Rand deiner aufgezogenen Kapuze vorbei nach oben, dorthin, wo die Quelle dieses Schattens liegt.
Eine alte Frau blickt dich an, die Altersflecken in ihrem Gesicht heben sich wie tiefschwarze Berge von ihrem ausgemergelten, blassen Gesicht ab.
„Darf ich mich zu dir setzen, Liebes?", fragt sie mit einer Stimme, die für dich eher nach dem Gekrächze einer Krähe klingt.

Einen Moment lang legst du den Kopf schief, blickst von ihr zu deinem Notizbuch und zurück.

Dann nickst du und machst, den Bleistift zwischen Zeige- und Mittelfinger geklemmt, eine einladende Handbewegung auf den freien Stuhl dir gegenüber.

Du magst die Menschen und ihre Geschichten, die sie dir häufig erzählen.

Mit einem schmerzerfüllten Ächzen lässt die alte Dame sich auf den Stuhl sinken, rutscht einen Moment lang nach links und rechts, bis sie eine bequeme Position gefunden hat.

Du beobachtest sie über den Rand deines Notizbuches hinweg, verfolgst aufmerksam, wie sie sich den linken Ellenbogen reibt, der spitz wie ein Eispickel aussieht.

Sie macht allgemein den Eindruck, als wäre sie ein Skelett, über das man wächserne Haut gespannt hat. Ohne Muskeln, ohne Fleisch, ohne irgendetwas, das ihr noch Kraft zum Leben geben würde.

Wie Spinnweben hängen ihre glanzlos grauen Haare in ihr altersfleckiges Gesicht, verdecken mehr schlecht als recht die tiefen Falten, die sich dort in die Haut gegraben haben.

Aber trotz dieser kraftlosen Erscheinung leuchten ihre Augen, als sie einen Blick auf deine Zeichnung erhascht, ihre dünnen Lippen verziehen sich zu einem Lächeln.

„Das ist wunderschön."

„Danke", sagst du und klemmst deinen Bleistift zwischen die Seiten deines Notizbuches, klappst es zu und legst es auf dem Tisch ab.

Du magst das Strahlen in ihren Augen. In Gedanken machst du dir bereits erste Skizzen zu ihrem Gesicht, überlegst, wie du auf einem Portrait dieses Leuchten gut einfangen könntest.

Es dauert vielleicht eine Minute, bis dein Gegenüber erneut mit dieser krächzenden Stimme das Wort ergreift und dir eine

Frage stellt. „Warum sind ein paar der Blütenblätter zerrissen, wenn das Original noch ganz ist?"
Du zögerst einen Moment und blickst auf die blau melierte Tischplatte vor dir, gräbst deine Schneidezähne in deine Unterlippe.
Jede einzelne deiner Zeichnungen zeigt einen gewissen Grad von Zerstörung. Zerbrochene Puppen, zerrissene Blütenblätter, eingeschlagene Fenster, zerlesene Bücher. All das und noch viel mehr hast du auf den dünnen Seiten verewigt, mit Graphit auf Papier gebannt.
„Weil ich finde, dass Zerstörung dem Leben eine ganz eigene Schönheit verleiht", versuchst du dein Empfinden dann zu erklären und hebst deine Hand, greifst nach der Kapuze deines Pullovers und streifst sie ab.
Du kannst dein Spiegelbild förmlich in den geweiteten Augen der alten Dame sehen, als sie zum ersten Mal ohne den Schatten der Kapuze oder den Schleier deiner Haare dein Gesicht erblickt.
Es ist eine Reaktion, die du bereits kennst, die dir so vertraut ist wie das Atmen.
Die Menschen starren immer, wenn sie zum ersten Mal das fein verästelte Narbengeflecht sehen, das deine gesamte linke Gesichtshälfte überzieht. Sie fragen nicht, wie es entstanden ist – das verbietet ihnen ihr Anstand –, aber sie starren.
Voller Mitgefühl und mehr oder minder gut versteckter Erleichterung, dass sie nicht damit leben müssen.
Du zuckst mit den Schultern und ziehst deine Kapuze wieder auf, hebst einen Mundwinkel und spürst, wie die Haut dort spannt. „Es ist okay. Jeder trägt sein Päckchen und ich verewige meines in meinen Zeichnungen."
Die alte Dame braucht noch einen Moment um sich zu fangen, nickt dann aber und erwidert dein Lächeln. „Das ist eine bewundernswerte Einstellung, mit so etwas umzugehen."

Du blinzelst einige Male und wartest, ob sie noch etwas sagen möchte, aber dem scheint nicht so zu sein.
Um euch herum füllt sich der Aufenthaltsraum des Krankenhauses langsam, Pfleger schlurfen mit Kaffeetassen herein und unterhalten sich gedämpft miteinander. Familien tauschen Umarmungen und Küsse aus, treten zu den großen Fenstern und blicken auf den säuberlich gepflegten Garten hinaus.
Hin und wieder sieht man einen Arzt, der kurz ein paar Worte mit Pflegern oder Krankenschwestern wechselt und dann mit wehendem Kittel wieder dorthin zurückrauscht, woher er gekommen ist.
„Wollen Sie spielen?", fragst du die alte Dame schließlich und klopfst mit den Fingern auf das zusammengeklappte Schachbrett, das neben deinem Notizbuch auf dem Tisch liegt.
Du liebst dieses Spiel. Die Konzentration und das strategische Denken, das man dafür braucht. Es ist fast wie mit dem Zeichnen, findest du. Vielleicht fällt dir das Schachspielen deshalb so leicht, weil du schon immer eine Person gewesen bist, die sich schnell auf etwas fokussieren kann.
Dein Gegenüber gibt ein Lachen von sich, das schon innerhalb weniger Sekunden in ein rasselndes Husten übergeht.
Du musst ihre Geschichte nicht kennen, um zu wissen, dass sie dieses Krankenhaus nicht mehr verlassen wird, dass das hellblaue Laminat und die weißen Wände das Letzte sein werden, das diese Frau in ihrem Leben sehen wird.
„Lass die Höflichkeiten bleiben, Liebes. Ich bin keine Dame, die man siezen muss. Ich bin einfach nur Mona", erklärt sie, nachdem das schlimmste Husten abgeklungen ist.
„Mona", wiederholst du und tippst erneut auf das Schachbrett, „also schön. Möchtest du spielen?"
Sie streicht sich erneut ihre Haare aus der Stirn und hinter das Ohr, schürzt nachdenklich die Lippen.

„Wieso nicht", stimmt sie dann zu und verzieht ihre Lippen zu einem Lächeln, „aber sei gnädig mit mir. Es ist Jahre her, dass ich das letzte Mal gespielt habe."
„Das ist kein Problem", winkst du ab und klappst das Brett auf, sammelst mit flinken Fingern die Figuren aus dem nebenliegenden Beutel.
Dein Großvater hat sie selbst aus Holz geschnitzt und in stundenlanger Feinarbeit bemalt, deshalb hütest du dieses Brett auch wie deinen größten Schatz.
Mit vier Jahren hat er dich zum ersten Mal auf einen ganzen Stapel Kissen gesetzt, damit du vom Stuhl aus gesehen hast, wie er gegen einen seiner Freunde gespielt hat.
Und die Eleganz und Schnelligkeit dieses Spieles hat dich schon damals beeindruckt.
Mit sieben Jahren hast du ihn angebettelt, es dir beizubringen, und ein Jahr später hast du ihn zum ersten Mal schachmatt gesetzt. Bis heute weißt du nicht, ob er dich gewinnen lassen hat oder ob du ihn tatsächlich überlistet hast, aber das ist auch nicht wichtig. In den folgenden Jahren hast du es dir zur Aufgabe gemacht, ihn während jedes sonntäglichen Besuches mindestens einmal zu besiegen.
Mit geübten Griffen stellst du die Figuren jetzt auf ihre vorgesehenen Felder, schiebst es dann in die Mitte des Tisches und rückst die Blumenvase zur Seite.
Stumm forderst du Mona dazu auf ihre Farbe zu wählen, lehnst dich währenddessen auf deinem Stuhl zurück.
Sie dreht das Spielfeld einmal um 180 Grad, bis die weißen Figuren vor ihr in zwei Linien aufgereiht sind.
„Weiß beginnt", fängst du an und hebst erneut einen Mundwinkel, zitierst diese alte Schachweisheit.
„Und Schwarz gewinnt", führt Mona sie zu Ende und stößt ein glucksendes Kichern aus, „daran kann ich mich noch erinnern."

Sobald der erste Bauer bewegt worden ist, geht es schnell: Zug um Zug tanzen die Figuren über das Feld, springen von Schwarz nach Weiß und wieder zurück.

Man merkt, dass Mona aus der Übung ist, und deshalb hältst du dich zurück, spielst keinen der Kniffe und Tricks, die du bei deinem Großvater hast anwenden müssen, um auch nur den Hauch einer Chance gegen ihn zu haben. Später wirst du vielleicht darauf zurückgreifen, aber noch lässt du deine pechschwarzen Figuren einfache Manöver ausführen, die dein Gegenüber kontern kann.

Eine ganze Weile lang spielt ihr schweigend. Bauern landen neben dem Spielfeld, gefolgt von einem weißen Läufer und einem deiner Springer.

Du hast ihn wissentlich geopfert, um freieres Feld auf Monas Turm und Dame zu haben, die beide in einer denkbar ungünstigen Position stehen.

„Liebes, langsam bringst du mich zum Schwitzen", stellt die alte Dame fest und greift nach ihrem Läufer, lässt ihn aber unverrichteter Dinge stehen und wendet sich stattdessen ihrem in Gefahr schwebendem Turm zu.

„Ich heiße Helena", sagst du, weil du es noch nie gemocht hast, wenn andere dich ungefragt mit Kosenamen belegen. „Oder *Hel* für meine Freunde."

Mona versteht, was du damit andeuten möchtest, und entschuldigt sich, verspricht dir, dich ab jetzt mit deinem Namen anzusprechen. „Wer weiß", fügt sie mit einem Zwinkern hinzu, „vielleicht darf ich dich am Ende dieser Partie ja auch Hel nennen."

Du lächelst und beförderst statt einer Antwort ihre Dame aus dem Spiel, rollst die Figur zwischen deinen Fingern.

Aus dem Augenwinkel siehst du einen Arzt das Wartezimmer betreten, beobachtest ihn dabei, wie er zum Kaffeeautomaten geht und eine Münze in den Geldschlitz steckt.

Blubbernd und röhrend erwacht die Maschine zum Leben und spuckt die braune Brühe in einen der irgendetwas-zwischen-rot-oder-rosafarbenen Becher, erfüllt den Raum mit dem typisch herben, aromatischen Duft.

Du blickst von dem Automaten zu deinem eigenen, längst erkalteten Becher und wünschst dir, dass der Inhalt auch wirklich so gut schmecken würde, wie der Geruch es verspricht.

Mit einem leisen *Plonk* stellt Mona einen deiner Türme neben dem Spielfeld ab und grinst triumphierend, weil sie die Gefahr für ihren König gebannt sieht.

Du schürzt verstimmt die Lippen und widmest dich genauer der Betrachtung des Spielfeldes, wägst ab, welche Figuren du opfern kannst, um Mona in eine Falle zu locken.

Zug um Zug ziehst du die Schlinge enger um ihren König, überlässt drei deiner Bauern und einen deiner Läufer bereitwillig Monas Gegenwehr.

Immer wieder stößt sie ein bellendes Husten aus, reibt sich über den faltigen Hals und rutscht unruhig auf ihrem Stuhl herum.

„Alles in Ordnung?", fragst du, als ein besonders schwerer Krampf sie schüttelt und sie klingt, als würde sie rostige Metallspäne nach oben würgen.

Mona hebt eine Hand und winkt damit ab, wischt sich mit der anderen über die tränenden Augen.

„Alles in Ordnung", bringt sie irgendwie hervor, „heute ist nur anscheinend einer meiner schlechten Tage."

Mitgefühl huscht über dein Gesicht. Du willst dir gar nicht vorstellen, wie sehr das Husten mittlerweile in Monas geschundenem Hals brennen muss, aber auch dein Angebot ihr Wasser zu holen schlägt sie stumm aus.

Stattdessen greift sie nach ihrem König und manövriert ihn aus der unmittelbaren Bedrohung, holt dann tief Luft.

Man sieht Erleichterung in ihren feuchten Augen aufblitzen, als sie endlich wieder zu Atem kommt, ihre Brust sich in geregeltem Rhythmus hebt und senkt.

„Siehst du, es geht schon wieder."

Du zuckst mit den Schultern, als möchtest du „Wenn du meinst" sagen, und lauschst halbherzig dem Gespräch des Arztes, der sich mit einem Pfleger leise murmelnd über den Gesundheitszustand einer Patientin austauscht. Eigentlich geht es dich nichts an und das weißt du auch, aber Neugierde ist schon immer tief im menschlichen Wesen verankert gewesen – und du bildest hierbei keine Ausnahme.

Du schnappst einzelne Begriffe aus dieser Unterhaltung auf, die für die namenlose Frau nichts Gutes verheißen – Tumore in der Lunge, Metastasen im Körper, keine Besserung trotz Chemotherapie.

Fast empfindest du Mitleid mit diesem dir unbekannten Menschen, hoffst, dass seine Zeit noch nicht gekommen ist und sich sein Körper bald gegen diese Krankheit wehrt, die in ihm wütet.

Hoffentlich so verbissen wie Mona sich gegen ihre schier unausweichliche Niederlage in eurem Schachspiel wehrt.

Verbissen bewegt sie ihre Figuren nun, wird fahrlässig in dem Versuch, ihren König zu schützen.

Mitten in deinem Zug zerreißt ein schrilles Piepen die angespannte Stille eures Zweikampfes, reißt dich für einen Moment aus deiner Planung.

Du richtest deine Aufmerksamkeit nach rechts, dorthin, wo der Arzt seinen Pappbecher hastig abstellt und dann an seinem Gürtel herumnestelt, um den Pieper aus seiner Schlaufe zu haken.

Der Mann stößt nach einem Blick auf die anwesenden Kinder einen abgemilderten Fluch aus und lässt seinen Kaffee stehen, so eilig hastet er aus dem Raum.

Du beobachtest ihn noch eine ganze Weile lang dabei, wie er nach links läuft und wahrscheinlich Krankenschwestern anweist, ihm in ein Zimmer zu folgen, um eine Heldentat zu vollbringen.

Du weißt nicht genau, wie so etwas im wirklichen Leben abläuft, hast dir das Bild eines Notfalles in einem Krankenhaus lediglich aufgrund diverser Arztserien gebildet, die tagtäglich über unzählige Fernseher flimmern.

Vielleicht ist so etwas auch ganz unspektakulär und du weißt es einfach nur nicht.

Nur langsam drehst du dich wieder in eine gerade Position zurück, beißt dir auf die Unterlippe und hebst deinen Turm nach oben, lässt ihn Monas vorletzten Bauern schlagen, um dir freien Blick auf ihren König zu gewähren.

„Schach", sagst du und ziehst einen Mundwinkel nach oben.

Dein Amüsement erlischt allerdings, als Mona erneut in rasselndes Husten verfällt und fahrig ihren König bewegt, sich dabei mit der anderen Hand über das wächserne, blasse Gesicht fährt.

Noch einmal möchtest du nachfragen, ob wirklich alles in Ordnung ist und ob sie die Partie beenden will, aber sie schneidet dir das Wort mit einem energischen Kopfschütteln ab.

Ihr Wille zu gewinnen fasziniert dich und du lässt ihr ein paar Züge Zeit, um sich wieder zu fangen.

Es ist wie ein Katz-und-Maus-Spiel, das ihr beide verfolgt. Ein Tanz zwischen Sieg und Niederlage, dessen Ausgang bereits festzustehen scheint.

Du wiederholst die „Schach"-Drohung noch dreimal, bis Mona mit einem Handzeichen um eine Pause bittet und röchelnd ihre Finger im Kragen ihrer Bluse verkrallt.

In Ermangelung einer Alternative schiebst du ihr deinen Pappbecher mit kaltem Kaffee hinüber, beschließt, dass sie in ihrem jetzigen Zustand wohl kaum wählerisch genug sein wird, um dieses Angebot auszuschlagen.

Tatsächlich schlingt sie die komplette restliche Flüssigkeit hinunter, macht zwei tiefe Atemzüge durch die Nase und fächelt sich dann mit zitternden Händen Luft zu.

„Willst du aufhören?", bietest du an und nickst zu dem Schachbrett hinüber, auf dem nur noch wenige Figuren stehen.

Mona rutscht wie ein quengeliges Kleinkind auf ihrem Stuhl herum und kratzt sich am Hals, mustert zuerst dich und dann das fast beendete Spiel.

„Nein", beschließt sie dann mit entschlossener Miene, „es ist ohnehin fast vorbei. Wir bringen es zu Ende."

Du hast ihr zweimal ein Unentschieden angeboten und beide Male hat sie es ausgeschlagen – deshalb beschließt du jetzt, diese Partie schnell zu beenden, ohne Rücksicht auf ihre angeschlagene Gesundheit und ihre eingerosteten Spielkenntnisse.

Es dauert genau fünf Züge, bis das erlösende Wort endlich fällt.

„Schachmatt", sagst du und bewegst deine Dame, lässt sie den seidenweißen König deines Gegenübers stürzen.

Mit einem dumpfen Laut trifft Holz auf Holz, schabend dreht die geschlagene Figur ihre trägen Kreise auf dem Spielfeld.

Dafür haben allerdings weder du noch Mona einen Blick übrig.

Mit keuchenden, abgehackten Zügen versucht sie Luft in ihre Lungen zu bekommen, starrt dich mit hervorquellenden, in Tränen schwimmenden Augen an, während sie sich eine Hand auf die Brust presst. So als würde es ihr das Atmen erleichtern, als brauche sie nur genügend Druck von außen auf ihre Lungenflügel auszuüben, damit sie ihre Arbeit wiederaufnehmen.

Aufmerksam beobachtest du die alte Dame dabei, legst den Kopf schief wie ein kleines Kind, das gerade zum ersten Mal in seinem Leben etwas Spannendes erblickt.

Dieser röchelnde Kampf um Atem dauert etwa zwei Minuten, dann sackt der ausgemergelte Körper zur Seite und rutscht fast von dem bonbonblauen Plastikstuhl.
Mit einem dumpfen Laut landet Monas Kopf seitlich auf dem Tisch und sie stößt mit einem beinahe erleichtert wirkenden Ächzen die Luft aus, dann verdreht sie die Augen so weit, dass man nur noch das Weiß in ihnen sehen kann.
Ganz langsam streckst du deine Hand nach ihr aus, streichst ihr eine silbrige Haarsträhne aus dem Gesicht.
„Jetzt musst du nicht mehr leiden", flüsterst du und willst eigentlich noch viel mehr sagen, aber bevor du dazu kommst, schneidet dir das mechanische Zischen der Tür neben dir das Wort ab.
Eine abgekämpft wirkende Ärztin betritt den Aufenthaltsraum und blickt sich suchend um. Eine Hand hat sie in der Tasche ihres Kittels vergraben, die andere fährt durch ihre unordentlichen Haare. Sie sieht müde aus, hat aber keinen Blick für dich übrig, sondern widmet sich dem Pfleger, der jetzt auf sie zukommt und fragend eine Augenbraue hebt.
Du ziehst deine Hand von Monas Kopf zurück und greifst stattdessen nach deinem Notizbuch, schlägst eine Seite mit dutzenden Namen auf und lauscht währenddessen dem Gespräch des Krankenhauspersonals.
„Sie hat es nicht geschafft", murmelt die Ärztin gerade und stößt verbittert die Luft aus, „sie hat so lange gekämpft und heute gibt sie auf."
Der Pfleger legt ihr eine Hand auf die Schulter und lächelt aufmunternd. „Sieh es positiv: Sie hat ihr Leiden endlich hinter sich. Es war, weiß Gott, lange genug. Nicht viele haben so viele Jahre lang gegen so viele Krankheiten gleichzeitig gekämpft. Sie hat sich diese Ruhe verdient."
„Ich weiß. Ich weiß das ja, aber das macht es trotzdem nicht leichter, Patienten zu verlieren!", schnaubt die junge Frau und

ballt ihre Hände zu Fäusten, verzieht das Gesicht zu einer trauernden Miene.

Sie weiß, dass sie nicht zu laut sein darf, weil sie sich hier in einem öffentlichen Aufenthaltsraum befinden und niemand etwas davon mitbekommen soll.

Sie pustet sich eine Haarsträhne aus dem Gesicht und zieht dann einen reichlich zerknitterten Zettel aus ihrer Kitteltasche. Was darauf steht, kannst du nicht sehen, aber das musst du auch nicht, denn nur wenig später liefert dir die junge Ärztin die Antwort.

„Kannst du ihren Sohn anrufen? Jemand muss die Familie benachrichtigen, dass sie gestorben ist."

Der Pfleger nickt und nimmt ihr den Zettel mit der Telefonnummer ab, schickt sie dann mit einem Wink nach draußen.

Du klopfst mit deinem Bleistift auf die Seite deines Notizbuches und wanderst an der Liste nach unten, siehst zu deinem Gegenüber und streichst dann einen Namen durch.

Der Pfleger folgt der Ärztin aus dem Raum hinaus, schließt seine Faust immer wieder um den kleinen Zettel, den er bekommen hat.

Ein letztes Mal blickst du dich um, nimmst das Bild von all den Menschen auf, die noch immer hier sind. Wie sie lachen und weinen, sich unterhalten, umarmen, streiten, sich versöhnen. So viele Facetten, die es zu entdecken gibt und die dich jedes Mal aufs Neue faszinieren.

Ihr seid alle Schachfiguren auf diesem Brett, das sich einmal quer und längs über die Weltkugel erstreckt.

Weiß das Leben, Schwarz der Tod.

Mit einem beinahe triumphierenden Lächeln pflückst du deine Figuren vom Tisch und verstaust sie in dem Beutel, schiebst ihn dann zusammen mit dem Brett und deinem Notizbuch in die geräumige Bauchtasche deines teerfarbenen Pullovers.

Leichtfüßig stehst du vom Tisch auf und kehrst der flimmernden Mona den Rücken zu, weißt genau, dass sie innerhalb weniger Herzschläge vollständig verschwunden sein wird.
Die Menschen kennen dich hier.
Sie denken sich nichts dabei, wenn ein fünfzehnjähriges Mädchen mehrmals die Woche im Aufenthaltsraum des kleinen Krankenhauses sitzt und gegen sich selbst Schach spielt.

Erzähl das dem Fährmann

Susanne Wiermann

Der kleine Junge beugte sich weit über den Rand der riesigen Kühltruhe im Keller. Das altertümliche Gerät war ihm unheimlich, es zuckte und brummte wie ein Bär im Winterschlaf und konnte jederzeit mit seinem gefräßigen Deckel zuschnappen. Beinahe hätte er das Gleichgewicht verloren und wäre in die Truhe gefallen, aber der alte Mann hielt ihn an den Gürtelschlaufen der bunten Bermudahose fest. Dafür waren die also da. Der Bub kramte in dem kalten Ungetüm, in dem viele dick vereiste Pakete durcheinander lagen, unlesbar beschriftet.
„Überraschungsessen", murmelte der alte Mann.
Endlich fand der Junge eine Packung, die zumindest vom aufgedruckten Bild her buntes Eis am Stiel versprach. Der Junge riss die Packung auf und fragte den alten Mann, ob er auch eins wolle.
„Ja freilich!"
Dann saßen beide einträchtig nebeneinander auf der Kellertreppe und lutschten genüsslich klebriges Eis, das so kalt war, dass sie aufpassen mussten, es nicht mit den Lippen zu berühren. Draußen flirrte die Luft in der Sommerhitze, Schmetterlinge taumelten betäubt vom Lavendelduft und ein dicker Brummer versuchte hartnäckig durch das gekippte Fenster in den Keller zu dringen. Immer wieder rammelte er seinen Kopf an die dumme Scheibe und wurde jedes Mal noch zorniger. Es war nur zu verständlich, dass der Brummer in die angenehme Kühle wollte.
Der fachmännische Blick des kleinen Jungen wanderte durch den Keller. Lauter Kruscht stand da herum. Kaputte Möbel und Spielzeug, wie ein geflochtener Puppenwagen, schief mit drei Rädern, seltsame, uralte Geräte mit Kurbeln, Hebeln und Peda-

len, verstaubte Gläser mit irgendetwas drin schwimmend, gestapelte Kartons, prall gefüllte Plastiksäcke und vieles mehr. Es roch nach alt und vergessen und schmutzig. Ein dringender Fall für den Sperrmüll, würde Mama sagen. Spinnenweben hingen wie Elfenvorhänge von der Decke herab und ein Sonnenstrahl tastete sich vorwitzig in den Keller. Wenn der Junge die Augen zusammenkniff, sah er bunte Staubflusen in der Luft tanzen, wie winzige Seepferdchen schwebten sie auf und nieder.

Den Eismund wischte sich der Junge am Unterarm ab – schöne Indianerbemalung. Dann sprang er auf und war im Begriff, die Treppe hoch zu hüpfen, in den Garten, schaukeln, klettern, eine Feuerkäferzucht anfangen. Oder vielleicht doch lieber drinnen Filme angucken und zocken, ohne angemeckert zu werden.
Da packte ihn der Uropa am Handgelenk und zog ihn zurück.
„Hier geblieben! Du musst schon auf die Entwarnung warten!"
Verwirrt setzte sich der Junge wieder.
Sie schwiegen eine Weile, dann gab sich der alte Mann einen Ruck.
„Sag, wie heißt du noch mal?"
Geduldig erklärte der Bub zum vierten Mal, dass er Marcel hieß.
„Ein seltsamer Name", sagte der Uropa ebenfalls zum vierten Mal. „Wer gibt denn seinem Kind einen französischen Namen? Willi oder Hermann oder Rudi hätte es doch auch getan."
Marcel nickte ergeben. Er malte mit seinen Gartenclogs unsichtbare Kreise auf die Treppenstufe.
„Du, Uropa, auf was warten wir?"
„Kannsch dir auch nichts merken", schmunzelte der alte Mann. „Da sind wir ja schon mal zwei. Wir müssen auf das Signal zur Entwarnung warten, erst dann dürfen wir wieder hoch. Hier unten sind wir sicherer."

„Ach so." Marcel überlegte. Papa hatte gesagt, dass der Uropa steinalt und ein wenig komisch wäre. Marcels kleine Hand schlich sich in die große schwielige Uropa-Hand und er fühlte sich halbwegs geborgen.

„Und warum müssen wir uns verstecken?", flüsterte Marcel, als würden sie belauscht.

„Man weiß es nie, wann doch einmal eine Bombe einschlägt. Gott behüte!"

„Spielen wir denn Krieg?", fragte Marcel. Über Kriegsspiele wusste er ein wenig Bescheid, man musste sich erst leise anpirschen und dann plötzlich losballern und dabei wüst schreien und schimpfen. Sein großer Bruder spielte oft Krieg. Am Computer. Aber Marcel wurde immer weggescheucht, wenn er zuschauen wollte.

Da fiel ihm etwas Dringendes ein: „Darf ich geschwind mein Laserschwert holen?" Das lag irgendwo im Garten.

Der Uropa schüttelte den Kopf.

Marcel ließ maulig seinen Kopf hängen.

„Das iPad mit den Spielen drauf?"

„Nein, Bub, versteh doch, es geht um deine Sicherheit."

Marcels schmale Schultern sackten enttäuscht nach unten.

„Du Uropa, in meinem Kindergarten sind Neue, da wo die her kommen, ist Krieg. Dort gibt's nix mehr, alles kaputt."

Der Uropa nickte. „Ja, das kenne ich. Die Kinder kommen aus den großen Städten, um sich bei uns von den Bombennächten zu erholen. Aber auch hier kann man nicht sicher sein."

„Weißt du was, die reden ganz komisch und schreiben verkehrt herum."

„Ach!", sagte der Uropa.

„Soll ich es dir mal zeigen?"

„Was denn?"

„Wie die kritzeln." Marcel schaute sich um. „Aber wir haben ja nichts zum Schreiben."

Der Uropa stemmte sich von der Treppenstufe auf und schlurfte zu einem Regal, in dem ausgemusterte Blumentöpfe standen. „Halt dir mal die Ohren zu", sagte er. Dann schmetterte er einen Topf mit vollem Karacho auf den Boden, wo er in viele Scherben zersplitterte.
Marcel machte große Augen. Wenn er etwas absichtlich kaputt machte, gab es sofort Ärger. Aber das war ja der Keller vom Uropa, und im eigenen Keller konnte der wohl machen, was er wollte.
Der alte Mann bückte sich umständlich und sammelte ein paar der Scherben ein. Er drückte sie in Marcels Hand. Marcel befühlte sie vorsichtig. So scharf, wie er befürchtet hatte, waren sie nicht. Er legte sie neben sich.
„Damit kannst du schreiben oder malen." Der Uropa zeigte ihm, wie er mit den Topfscherben orange Striche auf die nackte Kellerwand kratzen konnte.
„Ah, wie Straßenkreide." Marcel schnappte sich ein Stück und begann, auf der Wand von rechts nach links eine Wellenlinie zu kritzeln. „Guck so, Uropa. So schreiben die Neuen."
Der Uropa kniff die Augen zu. „Ich kann kein Wort entziffern", sagte er.
Marcel legte den Kopf schräg und strengte sich ebenfalls eine Weile an. „Ich auch nicht. Darf ich ein bisschen malen?"
„Freilich."
Ein Kindergartenlied vor sich hin singend bedeckte Marcel die Kellerwand, so hoch er kam, mit orangen T-Rexen, Autos und Flugzeugen.
Der Uropa malte, da wo Marcel nicht hinreichte, ebenfalls ein Bild. Es zeigte eine Flusslandschaft und ein flaches Boot, fast

wie ein Floß, mit Menschen, Fahrrädern und Autos drauf. Marcel bestaunte es.

„Du kannst aber schön malen."

„Das sehe ich doch fast jeden Tag."

„Wo denn?"

„Na unten am Rhein."

Marcel kannte die Rheinbrücken nach Frankreich, die schmale, die nur Fußgänger, Skater und Radfahrer benutzten. Und ein paar Kilometer weiter die mehrspurige Brücke für Autos. So ein flaches Boot hatte er noch nicht gesehen.

„Du kennst doch die Anlegestelle für die Fähre über den Rhein, oder?"

Marcels glatte Kinderstirn kräuselte sich.

Der Uropa versuchte, ihm auf die Sprünge zu helfen: „Naja, so ähnlich sieht sie aus. Ein paar Meter vor der Grenze. Direkt beim Park mit den vielen Tulpen. Wo die Leute die Schwäne füttern. Da warst du doch schon sonntags, oder?"

Marcel schüttelte den Kopf. „Aber ich kenn das riesige Einkaufscenter, auch ein paar Meter vor der Grenze. Mit dem Parkhaus, wenn du da ganz schnell durch flitzt, ist das wie ein Autokarussell, immer im Kreis rum. So …" Er drehte sich, bis ihm schwindlig wurde und er torkelte.

Der Uropa kratzte sich am Kopf. „Das kenn ich nicht."

„Und das Kino dort?"

„Auch nicht."

Nach einer Weile fragte der Uropa: „Wie heißt du noch mal?"

Marcel beschloss, ihm einen Gefallen zu machen und sagte: „Rudi".

Das runzlige Gesicht des Uropas leuchtete auf: „Das ist mal ein netter Name."

Marcel-Rudi fragte: „Warst du früher oft am Rhein?"

„Freilich, da hab ich doch gearbeitet."

„Als was denn?"

Der alte Mann setzte an, stockte dann und murmelte ratlos: „Das ist eine gute Frage ..."

Seine wasserblauen Äuglein schweiften suchend durch den Kellerraum, als wäre die Antwort in einem der staubigen Weckgläser konserviert, dann musterte er seine schwieligen Handinnenflächen.

Marcel-Rudi schlug vor: „Vielleicht als Chef auf dem Flachboot?"

„Als Fährmann, meinst du. Ich glaube fast, das könnte stimmen."

„Nimmst du mich auch mal mit?"

„Freilich."

„Was macht man so als Fährmann?"

„Die Leute von Deutschland nach Frankreich bringen und wieder zurück. Und sich nebenher viel dummes Zeug anhören. Die Leute meinen, der Fährmann merkt es nicht, wenn man ihm Lügengeschichten erzählt, aber das stimmt nicht. Wir lassen die Leute einfach reden und denken uns unseren Teil."

„Verdient man viel Geld beim Lügen-Zuhören?"

„Nein, aber es reicht."

„Da braucht man bestimmt ganz schön viel Kraft fürs Rudern, gell?" Marcel-Rudi spannte demonstrativ seine Armmuskeln an.

„Das macht alles ein Motor. Der Fährmann lenkt, gibt Gas, bremst und schaut, dass er den langen Frachtkähnen nicht die Vorfahrt nimmt."

„Cool!"

„Wollen wir was spielen?"

Der Uropa nickte. „Was denn?"

„Wir können uns ein Versteck bauen. Und dann beobachten, wer sich draußen herumtreibt und warum. Wie Detektive."

Gemeinsam inspizierten sie den Keller, der die reinste Fundgrube für ihr Bauvorhaben war. Marcel-Rudi staunte, wie nützlich ausrangiertes Gelumpe doch sein konnte. Von wegen Sperrmüll. Begeistert trugen sie brauchbare Wertstoffe zusammen. Aus wacklig gestapelten Stuhltürmen und einer welligen Tischplatte bauten sie ein kleines, aber feines Hauptquartier mit Blick aus dem Kellerfenster. In den Plastiksäcken fand der Uropa eine muffige dunkelgrüne Zeltplane, die ihr Bauwerk perfekt bedeckte. Fleckige Kissen mit Fransen dran tauchten in einem Karton auf. Marcel-Rudi stopfte sie in eine Ecke des Hauptquartiers und thronte bequem wie ein Pascha darauf. Für den Uropa bauten sie einen Spähsitz aus einem verrosteten Gartenstuhl, gepolstert mit Tischdecken mit Ostermotiven. Perfekte Tarnung, der Uropa sah aus wie ein lieber alter Mann, so würde ihn niemand für einen eiskalten Detektiv halten. Sie schraubten noch eine „Flotte Lotte" an die Tischplatte. Das modernste Lauschgerät, das es gegenwärtig auf dem Markt gab. Eben erst erfunden. Wenn man daran kurbelte, konnte man hören, ob jemand rund um das Haus schlich.
Ein kaputter Rollschuh war das Notruftelefon, mit dem man jederzeit den Oberboss erreichen konnte, der irgendwo in Amerika seine polierten Schuhe auf den Schreibtisch gelegt hatte, während sie schufteten.
„Hast du auch Durst?", fragte der Uropa.
„Und sogar Hunger!"
„Magst du Birnen? Wie heißt du noch mal?"
„Ja, äh Otto", rutschte es ihm unbedacht heraus.
Der Uropa schaute ihn überrascht an. „Das ist ein schöner Name, hört man heute nicht alle Tage."
Marcel-Otto nickte verlegen.
Mit vereinten Kräften öffneten sie Gläser, in denen Birnenhälften schwammen. Die Flüssigkeit schmeckte wunderbar süß. Marcel-Otto fischte mit seiner schmalen Kinderhand die Bir-

nenstücke heraus. Der Uropa suchte sein Taschenmesser und schnitt die Birnenhälften in mundgerechte Stücke. Neidisch schaute Marcel-Otto auf das handliche Klappmesser.
„Hast du noch kein Sackmesser?"
Marcel-Otto schüttelte bedauernd den Kopf. „Das ist zu gefährlich für Kinder, sagt Mama."
Der Uropa wischte das Taschenmesser ab. „Da nimm mal!" Dann schlurfte er zum hinteren Teil des Kellers und kam mit sehr schrumpeligen Äpfeln in der Hand wieder. „Mach mir mal Schnitze, meine Zähne können das nicht mehr beißen."
Der Uropa setzte sich in seinen Spähsitz und widmete seine ganze Aufmerksamkeit dem Beobachtungsposten. Bloß nichts Wichtiges verpassen. Marcel-Otto mühte sich derweil mit dem Messer und den Äpfeln, viertelte sie und entfernte das Kerngehäuse. Erst als Marcel-Otto ihm Apfelschnitze reichte, fragte der Uropa: „Und, noch alle Finger dran?"
Marcel-Otto nickte stolz.
„Das nächste Mal schnitzen wir was aus Holz, ja?"
„Ein Flachboot? Mit Fahnenmast?"
„Warum nicht?"
Begeistert schlang Marcel Otto seine Kinderarme um den Uropa. Der war ja gar kein alter Simpel, wie Papa immer sagte.

Dann konzentrierten sie sich wieder darauf, alles Verdächtige im Garten zu beobachten.
Eine Weile passierte nichts, doch dann quietschte das Gartentor und Schritte näherten sich. Viele Schritte, schwere, aber auch leichte, klapperige.
Die aufgeregten Detektive erspähten schwarze Hosenbeine mit schicken schwarzen Lederschuhen, sah alles ordentlich gebügelt, kratzig und unbequem aus, bestimmt viel zu heiß für einen Sommertag. Dann gab es noch Beine in schwarzen Seiden-

strümpfen und spitzen Absatzschuhen, die auf dem Plattenweg einen energischen Trommelmarsch hämmerten.

Just vor dem Kellerfenster blieben einige der Beine stehen und die beiden Detektive lauschten einem Gemurmel, das belanglos klang, aber man wusste ja nie. Zigarettenrauch stieg in ihre Nase. Marcel-Otto markierte, dass ihm gleich schlecht würde und er sich übergeben müsste. Der Uropa grinste.

Der spitze Frauenschuh drückte einen Zigarettenstummel aus und ließ ein zerknülltes Taschentuch fallen. Dann entfernten sich die Eindringlinge.

„Weißt du, warum die so dunkel angezogen sind?", fragte der Uropa.

„Die waren auf Omas Beerdigung. Deshalb bin ich doch bei dir, weil ich noch zu klein dafür bin, sagt Mama."

„Ach so, das wusste ich nicht. Bist du arg traurig?" Er streichelte über Marcel-Ottos strubbelige Haare.

„Die Oma war krank."

„Das tut mir wirklich leid." Dem Uropa stiegen Tränen in die Augen, er putzte sich umständlich mit einem großen Stofftaschentuch die Nase und stopfte es dann wieder in seine Hosentasche.

„Und dich haben sie auch nicht mitgenommen, weil du eh alles durcheinander bringst, sagt Papa."

„Kennt mich denn dein Papa?"

„Ja, das ist doch seine Mama, die tot ist. Und du bist der Papa von der Mama vom Papa."

Der Uropa horchte dem letzten Satz nach und zählte irgendetwas an seinen Fingern ab. Dann verschränkte er die Arme vor seiner Brust.

„Versteh ich nicht. Was hab ich denn mit deiner Oma zu tun? Und außerdem hab ich gar keine Kinder. Ich leb doch hier alleine, oder?"

Beide Detektive schwiegen und überlegten.

Dann stupste der Uropa Marcel-Otto in die Seite. „Du Schlingel, hast mich grad angeflunkert und ich wäre fast drauf reingefallen. Aber weißt du was? Du kannst einem Fährmann alles erzählen, er hört zu, aber er erkennt einwandfrei die Lügengeschichten."
Marcel-Otto kicherte. „Gehen wir hoch, zu den anderen? Es gibt Kaffee und Kuchen."
„Hast du denn schon die Sirene gehört?"
„Ja, grad eben."
„Siehst du. Du musst nur auf den richtigen Zeitpunkt warten."

Die Autorinnen und Autoren dieses Bandes

Linda Achberger, geboren 1992 in Österreich, Studium der Germanistik und Geografie. Seit 2015 studiert sie am *Deutschen Literaturinstitut Leipzig* und absolviert an der Universität Leipzig den Master in Germanistik, Schwerpunkt Literaturwissenschaft. Veröffentlichung des Stückes „Wir brauchen doch keine Bienen, um uns zu bestäuben" (2016) und Erzählungen in Anthologien & Zeitschriften, zuletzt in *Tippgemeinschaft 17*.

Dagmar Dusil, geb. in Hermannstadt (Siebenbürgen). Anglistik und Germanistikstudium mit Magisterabschluss an der Babes-Bolyai-Universität Cluj-Napoca. 1985 Ausreise in die Bundesrepublik. Vertreten in zahlreichen Anthologien. Prosa-Veröffentlichungen (Blick zurück durchs Küchenfenster, Kulinarisches Heim- und Fernweh, Hermannstädter Miniaturen, Wie die Jahre verletzen) und Übersetzungen. Zuletzt erschien der Lyrikband „Transitschatten" (2015). Ihre Texte sind ins Rumänische und Englische übersetzt worden. Mitglied in der GEDOK Franken, der internationalen Autorenvereinigung Die KOGGE, der Künstlergilde Esslingen und des Exil-Pen-Clubs. 2014 erhielt sie den Literaturförderpreis der GEDOK, 2016 2. Platz Landschreiber Wettbewerb, Sparte Lyrik (Sprache und Seinskategorien), 2017 den Dorfschreiberpreis Katzendorf. Dagmar Dusil lebt in Bamberg.

Michaela Hanel, geb. 1986 in Friedrichshafen, studierte Publizistik und Kommunikationswissenschaft in Wien und in den USA sowie Psychologie in Wien. Seit 2015 arbeitet sie als Psychologin und Bezugstherapeutin in einer psychosomatischen Klinik. Mehrere literarische Veröffentlichungen in Literaturzeitschriften und Anthologien. Mehrere Förderungen und Auszeichnungen, u.a. Stipendien der Kunststiftung Baden-Württemberg und des Förderkreises deutscher Schriftsteller in Baden-Württemberg, sie erhielt den Nachwuchspreis beim Schwäbischen Literaturpreis (2009) und den Künstlerförderpreis der Stadt Friedrichshafen (2014).

Annette Hengge, geboren 1964 in Nonnenhorn am Bodensee, seit dreißig Jahren als Krankenschwester tätig, Mutter von vier Söhnen, schrieb schon als Kind gern Briefe und Aufsätze, war einige Jahre in Ravensburg in der Textwerkstatt aktiv, Texte in Anthologien der Textwerkstatt Ravensburg und Signatur Tettnang, 2009 Einladung zum literarischen Forum Oberschwaben mit dem Text „Hausbesuch".

Raimund Hils, geboren 1962 in Rottweil am Neckar, lebt seit 1987 in der Nähe von Kempten/Allgäu. Nach einer verfahrenstechnischen Ausbildung im Lebensmittelbereich arbeitet er heute als Qualitätsmanager. In seiner Freizeit galt sein Interesse seit jeher der Literatur und der Natur. In seinen Texten spiegelt sich diese Liebe zur Natur und zu den kleinen Dingen dieser Welt, die häufig übersehen werden, wieder. Seine Texte leben von sozialkritischen und träumerisch/surrealen Elementen. Dabei verwischt er oft die Grenzen zu anderen Welten auf rätselhafte Weise. Seit 2008 nimmt er regelmäßig und erfolgreich an Literaturausschreibungen teil und kann inzwischen auf eine Vielzahl an Veröffentlichungen von Kurzgeschichten, Gedichten und Märchen im Rahmen von Anthologien, Projektarbeiten und in Literaturzeitschriften zurückblicken. 2015 hat er den GINKGO AWARD in der Disziplin *Dramaturgie* mit dem Text *Come on die young* erhalten (http://2015.foto-film-game-contest.de/preistraeger-2015.html). In der Anthologie *Kindheit* zum Schwäbischen Literaturpreis 2016 war er mit dem Text *Das andere Land* vertreten.

Eleonora Hummel wurde 1970 in Zelinograd, heute Astana, in Kasachstan geboren. Ihre Vorfahren stammen aus dem schwäbischen Raum. 1980 zog die Familie in den Nordkaukasus und siedelte zwei Jahre später nach Dresden über. Ihr viel beachtetes Debüt „Die Fische von Berlin" sowie ihre weiteren Romane „Die Venus im Fenster" und „In guten Händen, in einem schönen Land" sind im Steidl Verlag Göttingen erschienen. Eleonora Hummel hat mehrere Auszeichnungen erhalten, unter anderen den Adelbert-von-Chamisso-Förderpreis und den Hohenemser Literaturpreis. Für die Arbeit an ihrem aktuellen Romanprojekt wurden ihr das Spreewald-Literatur-Stipendium sowie ein Arbeitsstipendium der Kulturstiftung des Freistaates Sachsen zuerkannt.

Julia Kersebaum, geboren 1983 in Düsseldorf, nach dem Studium der Theater-, Film- und Medienwissenschaften, Amerikanistik und Germanistik in Frankfurt am Main, St. Louis (Missouri) und New York, tätig als Verlagskauffrau. Seit November 2015 angestellt bei Karger AG in Basel, Schweiz.

Antigone Kiefner wurde 1966 in Ulm/Donau geboren. Nach ihrer Ausbildung als Buchhändlerin studierte sie in Freiburg Germanistik, Geschichte und Ethnologie. Sie arbeitete u.a. als Kellnerin, Dozentin für Deutsch als Fremdsprache an der Universität Freiburg sowie als Pressereferentin beim Deutschen Caritasverband. Sie lebt als freiberufliche

Presse- und Werbetexterin in der Nähe von Freiburg, ist Mitglied im Literatur Forum Südwest e.V. und Stipendiatin des Förderkreises deutscher Schriftsteller in Baden-Württemberg. Sie veröffentlicht in Anthologien Kurzgeschichten und Lyrik.

Arina Molchan, geboren 1989 in Vitebsk, Belarus, lernte im Schwarzwald Deutsch und Schwäbisch. Sie studierte Germanistik und Anglistik in München. Dort gründete sie die Autorengruppe „Prosathek". Weitere Texte unter: www.prosathek.de

Marie Saverino wurde 1994 in Villingen geboren und wuchs in Pfohren bei Donaueschingen auf. Nach dem Abitur arbeitete sie in diversen Fabriken und machte ein Praktikum in einem Auktionshaus in London, bis sie sich schließlich dazu entschied, in Hildesheim „Kreatives Schreiben und Kulturjournalismus" zu studieren. Diesen Oktober begann sie mit dem zugehörigen Masterstudiengang „Literarisches Schreiben". Sie lebt in Hildesheim, verbringt die Semesterferien aber immer gerne bei ihrer Familie: mal in Pfohren und mal auf Sizilien.

Sophie Marie Schmid, geboren 1993 in Ingolstadt, lebt in Augsburg und studiert dort Germanistik und Sportwissenschaften für gymnasiales Lehramt. Ihre Liebe zu Sprache und Literatur entdeckte sie schon in früher Kindheit. Zwar schrieb sie in der Vergangenheit schon häufiger an eigenen Texten, ihr Wunsch dies zu vertiefen wurde allerdings im Sommersemester 2017 durch Schreibseminare an der Universität Augsburg vorangetrieben. Die neuen Erfahrungen im geschützten Rahmen der Universität veranlassten Sophie schließlich dazu, einen Text für den Schwäbischen Literaturwettbewerb zu verfassen, um aus der eigenen Komfortzone zu treten und ihre Gedanken mit anderen zu teilen.

Jos Schneider, geboren 1982 in Siebenbürgen, ist nach seinem Studium der Vergleichenden und der Neueren deutschen Literaturwissenschaft an der Universität Augsburg derzeit als Redakteur und Lektor an einem kulturwissenschaftlichen Institut in München beschäftigt und forscht zu Literaturnetzwerken. Für seine Lyrik erhielt er 2015 den Kunstförderpreis der Stadt Augsburg in der Sparte Literatur.

Manuel Schumann, geboren 1992 in Reutlingen, in Tübingen aufgewachsen, studiert seit 2011 Germanistik an der Universität Augsburg, ist bald dann aber auch mal fertig. Mag Bücher, Comics, Filme ... allgemein Fiktionales und vor allem Sprache. Schreibt gerne Kurzgeschichten (Überraschung!) und Kurzbiographien von sich selbst in der dritten Person. Gewann den renommierten Hubertus-von-Stiegenpolz-Preis des Bielefelder Instituts für Fakeologie beinahe. Hat aber sonst nicht viel vorzuweisen. Lieblingswörter: Blümerant, Lenkrad, scheckig, Bonbon (aber nur in der schwäbischen Aussprache „Bombo"), flunkern, stibitzen, Pommes, schlonzig, Mummenschanz, Lombaseggl, schlurps.

Laura Stadler wurde 1996 im niederbayerischen Freyung geboren. Schon seit frühester Kindheit war sie hellauf begeistert vom Lesen und Schreiben, was sich unter anderem darin zeigte, dass sie in ihrer Schulzeit neben eigenen (Kurz-)Geschichten auch häufig Artikel für die Schülerzeitung geschrieben hat. Im Moment studiert sie Vergleichende Literaturwissenschaft an der Universität Augsburg und arbeitet an ihrem Debütroman.

Susanne Wiermann, geboren 1963 in Weil am Rhein, Erstberuf Hebamme, Magister in Archäologie und Völkerkunde, Museumspädagogin. Verfasserin zahlreicher Sachtexte (Museumskataloge, Lehrerhandreichungen, Rezensionen, Hörführungen, Texte in Leichter Sprache). 2012 Veröffentlichung des Erstlingsromans „Die Hexe von Bernburg" im Schuster-Verlag Baalberge. Seit 2016 mehrere Kurzgeschichten. November 2013 Literatur-Stipendiatin in der Sonneck-Akademie bei Naumburg. Juli 2014 Literatur-Stipendiatin im Kunsthof Dahrenstedt bei Stendal. Februar bis Juli 2015 Arbeitsstipendium der Kunststiftung Sachsen-Anhalt.